城市电动物流车辆路径问题建模及优化

杨森炎 著

北京邮电大学出版社
www.buptpress.com

内 容 简 介

随着全球气候变暖和环境污染的加剧,电动车辆作为一种新型绿色环保的交通运输工具,具备低能耗、低排放、低噪声等优势,在城市物流配送领域得到广泛的应用。电动物流车辆路径问题是车辆路径问题的延伸,也是当前绿色物流领域的研究热点。本书分析了电动车辆的发展趋势及充电运营模式,针对电动车辆续航里程有限和充电基础设施不足的问题,从充电策略、混合回程服务模式以及充电站选址方面考虑,提出了基于时空状态网络的城市电动物流车辆路径优化方法,以实现电动化物流资源在时间、空间、状态维度上的同步优化。本书可为电动物流车辆路径优化方法奠定理论基础,为城市电动化物流运营管理和充电基础设施规划提供决策支持,进一步促进城市物流配送的高效率、低成本和可持续发展。

图书在版编目(CIP)数据

城市电动物流车辆路径问题建模及优化 / 杨森炎著. -- 北京:北京邮电大学出版社,2022.7
ISBN 978-7-5635-6660-0

Ⅰ. ①城… Ⅱ. ①杨… Ⅲ. ①电动车辆—物流—最优化算法—研究 Ⅳ. ①F252.1
中国版本图书馆 CIP 数据核字(2022)第 102789 号

策划编辑:彭 楠　　责任编辑:彭 楠　陶 恒　　责任校对:张会良　　封面设计:七星博纳

出版发行:北京邮电大学出版社
社　　址:北京市海淀区西土城路 10 号
邮政编码:100876
发 行 部:电话 010-62282185　传真 010-62283578
E-mail:publish@bupt.edu.cn
经　　销:各地新华书店
印　　刷:唐山玺诚印务有限公司
开　　本:720 mm×1 000 mm　1/16
印　　张:10
字　　数:166 千字
版　　次:2022 年 7 月第 1 版
印　　次:2022 年 7 月第 1 次印刷

ISBN 978-7-5635-6660-0　　　　　　　　　　　　　　　　　　　定价:52.00 元

· 如有印装质量问题,请与北京邮电大学出版社发行部联系 ·

前　言

电子商务的蓬勃发展导致物流配送需求激增,给城市"最后一公里"运输组织带来了巨大的挑战。城市物流用车数量和配送频次增多加重了交通负担,导致了温室气体和污染物排放等环境问题,无法满足当前交通运输可持续发展的需求。近年来,在温室效应、环境污染和能源紧缺的多重压力下,电动汽车作为一种新型绿色环保的交通运输工具,凭借着低能耗、低排放、低噪声等优势实现了长足的发展,在国内外大型物流企业中得到广泛的应用。

发展城市电动化物流配送是改善城市环境、减少温室效应、解决资源短缺以及实现绿色物流的有效途径。但电池续航里程有限、充电技术不完备、充电设施不足等问题给驾驶员带来了一定的"里程焦虑",同时也给电动物流车辆调度系统带来较大的挑战。电动车辆路径问题作为车辆路径问题的一个新兴研究分支,对保证城市电动化物流配送效率和服务质量起到关键性的作用。本书针对电动物流车辆续航里程有限和充电基础设施不足的问题,综合考虑电池容量、车辆承载能力、充电站承载容量、客户服务时间窗等约束,提出基于时空状态网络的城市电动物流车辆路径优化方法,在时间、空间和状态维度上对电动物流车辆的行驶路径、取送货服务过程和充电策略进行同步优化。本书的研究工作有助于实现城市电动化物流资源的时空优化配置,为城市电动化物流运营管理和充电基础设施规划提供决策支持。

本书共分为7章。第1章介绍了研究背景与意义,分析了电动车辆的发展概况,明确了主要研究内容及创新点,并介绍了本书的技术路线和章节结构。第2章分析了车辆路径问题的国内外研究现状,从充电策略、服务模式和充电设施选址三个方面总结了电动车辆路径问题的研究进展,并整理了相关的求解算法。第3章全面系统地介绍了基于物理网络、离散时空网络和时空状态网络的车辆路径问题建模框架，深入分析了拉格朗日松弛法、增广拉格朗日乘子法和交替方向乘子法三种对偶分解方法的原理和特点。第4章研究了考虑充电策略的电动物流车辆路径优化问题，基于时空状态网络构建了多商品网络流优化模型，设计了基于交替方向乘子法的分解框架，并嵌入前向动态规划算法进行求解。基于Sioux Falls网络构建算例，对算法进行了验证。为了提高电动物流车辆的利用率，第5章研究了考虑混合回程服务模式的电动物流车辆路径优化问题，基于时空状态网络框架建立整数规划模型，并基于交替方向乘子法和拉格朗日松弛法设计了两种不同的求解算法，基于7点网络算例对关键参数和不同服务模式进行了分析，构建北京亦庄路网测试算例，比较了两种算法的求解效率。第6章研究了充电站选址-车辆路径协同优化问题，考虑充电站承载容量和充电策略，在给定充电站建设预算的条件下，对充电站选址、车辆路径和充电方案进行优化，设计了基于拉格朗日松弛法和交替方向乘子法的双层分解算法框架，基于9点网络、Sioux Falls网络和West Jordan网络构建算例，验证了算法的有效性。第7章总结了全书的主要研究内容，并对未来的研究工作进行了展望。

  作者希望本书的内容能够起到抛砖引玉的作用，为相关领域的研究提供一定的理论和方法参考，使更多的学者关注电动物流车辆路径优化问题，进而推动我国城市电动化物流配送的快速发展。

  感谢国家自然科学基金青年科学基金项目（项目编号：72001029）和北京邮电大学"双一流引进人才"科研启动费对本书出版的资助。

  本书的研究内容源于作者近年的研究成果。由于作者水平有限，错漏之处在所难免，恳请读者批评指正。

作 者

2022年1月于北京

目 录

第1章 绪论 ··· 1
  1.1 研究背景与意义 ·· 1
  1.2 电动车辆的发展概况 ·· 3
    1.2.1 电动车辆的发展趋势及政策 ································ 3
    1.2.2 新能源物流车辆的应用 ·· 6
    1.2.3 电动车辆充电运营模式 ·· 8
  1.3 研究内容及创新点 ··· 11
    1.3.1 研究内容 ··· 11
    1.3.2 创新点 ··· 13
  1.4 技术路线 ·· 13
  1.5 本书章节结构 ··· 14

第2章 国内外研究现状 ·· 16
  2.1 车辆路径问题及求解算法 ··· 16
  2.2 电动车辆路径问题研究 ·· 20
    2.2.1 考虑充电策略的电动车辆路径优化问题研究 ········· 21
    2.2.2 考虑服务模式的电动车辆路径优化问题研究 ········· 23
    2.2.3 充电设施选址-路径优化问题研究 ························ 25
  2.3 电动车辆路径优化问题的求解算法研究 ····················· 27
    2.3.1 精确式算法 ·· 27
    2.3.2 启发式算法 ·· 28

2.4 本章小结 ··· 29

第3章 物流车辆路径问题建模理论及求解方法 ························· 30

3.1 网络模型框架 ·· 30
    3.1.1 物理网络 ··· 30
    3.1.2 离散时空网络 ·· 32
    3.1.3 时空状态网络 ·· 34

3.2 求解方法 ·· 36
    3.2.1 拉格朗日松弛法 ··· 37
    3.2.2 增广拉格朗日乘子法 ··· 39
    3.2.3 交替方向乘子法 ··· 39

3.3 本章小结 ·· 43

第4章 考虑充电策略的电动物流车辆路径优化问题研究 ············· 44

4.1 问题提出 ·· 44
4.2 基于物理网络构建的模型 ··· 45
4.3 基于时空状态网络的模型重构 ······································· 47
    4.3.1 问题描述 ··· 47
    4.3.2 时空状态网络的构建 ··· 48
    4.3.3 多商品网络流优化模型 ·· 50

4.4 求解方法 ·· 53
    4.4.1 模型分解 ··· 53
    4.4.2 求解算法 ··· 56

4.5 算例分析 ·· 61
    4.5.1 算法分析 ··· 61
    4.5.2 参数分析 ··· 64

4.6 本章小结 ·· 65

第5章 考虑混合回程服务模式的电动物流车辆路径优化问题研究 …… 66

5.1 问题提出 …… 66
5.2 问题描述与模型构建 …… 67
5.2.1 问题描述 …… 67
5.2.2 时空状态网络的构建 …… 69
5.2.3 多商品网络流优化模型 …… 72
5.3 求解算法 …… 75
5.3.1 增广拉格朗日松弛模型 …… 75
5.3.2 问题分解及线性化 …… 77
5.3.3 ADMM算法 …… 80
5.3.4 拉格朗日松弛算法 …… 84
5.4 算例分析 …… 87
5.4.1 关键参数分析 …… 87
5.4.2 客户服务模式的影响 …… 93
5.4.3 亦庄路网算例分析 …… 95
5.5 本章小结 …… 99

第6章 充电站选址-车辆路径协同优化问题研究 …… 100

6.1 问题提出 …… 100
6.2 问题描述与模型构建 …… 101
6.2.1 问题描述 …… 101
6.2.2 时空状态网络的构建 …… 102
6.2.3 充电站选址-路径协同优化模型 …… 103
6.3 求解方法 …… 106
6.3.1 双层分解框架 …… 106
6.3.2 LR-ADMM算法 …… 111
6.4 算例分析 …… 114
6.4.1 9点网络算例分析 …… 114

6.4.2　Sioux Falls 网络算例分析 ……………………………………… 115

　　6.4.3　West Jordan 网络算例分析 ……………………………………… 118

　6.5　本章小结 ……………………………………………………………… 119

第 7 章　总结与展望 ………………………………………………………… 121

　7.1　总结 …………………………………………………………………… 121

　7.2　展望 …………………………………………………………………… 122

参考文献 ……………………………………………………………………… 124

第1章 绪　　论

1.1　研究背景与意义

随着城市人口的增长和城市化进程的不断加快,货物流动日益频繁,城市物流对居民的生活影响越来越大,甚至支撑了城市的大部分经济和社会活动[1]。在线交易和电子商务的兴起增强了消费者的购物体验感,但也导致了物流配送需求的增加,给"最后一公里"物流运输组织带来了较大的挑战[2~4]。

城市物流在给人们带来便利的同时,也造成了交通拥堵、污染物排放、温室气体排放等问题。城市物流配送路线复杂,传统的燃油汽车容易受交通拥堵的影响,进而引起较多的能源消耗和污染物排放,给环境带来较大的危害,无法满足当前交通运输可持续发展的需求[5]。

为了应对全球气候变化,2021年,"碳达峰"和"碳中和"首次被写入我国的政府工作报告中[6]。调整物流产业的能源结构,发展绿色物流是城市物流未来发展的重要方向。为响应国家"双碳"战略,顺丰、京东、阿里巴巴等大型物流企业以碳减排为目标,采取了一系列节能减排举措,例如建设大型光伏产业园,利用半导体进行光伏发电;构建碳排放平台,利用大数据进行实时最优路径规划和仓储规划,以提高物流运输效率,实现绿色运输等[7~9]。

绿色低碳的物流配送系统在城市的可持续发展中发挥着重要作用[10]。电动车辆作为一种新型环保的交通运输工具,具有低能耗、低排放、低噪声等优势,可以减少对化石燃料的依赖,减少温室气体的排放,因而吸引了各国政府和相关物流企业的关注[11~14]。2014年7月国务院办公厅印发的《国务院办公厅关于加快新能源汽车推广应用的指导意见》中提出,为了缓解能源和环境压力,要加快新能源汽车的推广应用。2015年3月交通运输部印发的《交通运输部关于加快推进新能源汽车在交通运输行业推广应用的实施意见》中明确指出,城市物流配送是新能源车辆重点推广应用的领域之一。

在"双碳"战略的背景下,发展电动化城市物流配送是实现绿色物流、改善城市环境、减少温室效应以及解决资源短缺问题的有效途径。但目前电动车辆的推广应用面临着电池续航里程有限、充电时间较长、充电基础设施不足等问题[15]:①电池容量的限制导致续航里程较短,给驾驶员带来了极度的里程焦虑感[16];②有限的续航里程影响电动物流车辆的实际配送能力,尤其对于大范围的城市配送网络,电动物流车辆需要在配送途中以充电或者换电的方式来补充能量,以完成配送任务,尽管电池技术已得到显著改善,但中途充电仍然会消耗较长的时间,影响电动车辆的运营效率[17];③目前路网上分布的充电设施数量有限,导致车辆需要绕路充电或排队充电[18]。

为了保证电动物流车辆的服务效率,学者们在车辆路径问题的基础上,考虑充耗电过程、电池容量等限制条件,提出了电动车辆路径优化问题(Electric Vehicle Routing Problem,EVRP)。该问题是保证城市电动化物流配送效率和服务质量的关键,是绿色车辆路径问题的一个新兴研究分支,同时也是当前物流网络优化领域的热点问题[19]。考虑到电动物流车辆的运营特性和客户的服务需求,电动车辆路径优化问题需要对车辆的充耗电过程和客户的取送服务过程进行优化建模。这意味着该问题不仅要考虑车辆承载能力等约束,还要受电池容量、充电策略、充电站承载容量等因素限制,需设置大量的耦合约束以描述不同变量之间的关系,因此模型较为复杂,求解难度较大[20]。

电动物流车辆路径优化方案除了受充电策略和客户取送需求影响,还与充电基础设施的布局密切相关。目前我国电动车辆的充电基础设施不足,极大地限制了电动化物流配送的发展。为了解决电动车辆充电困难的问题,2015年9月国务院办公厅印发了《国务院办公厅关于加快电动汽车充电基础设施建设的指导意见》,提出2020年基本建成智能高效的充电基础设施体系,满足超过500万辆电动汽车的充电需求。2020年,中共中央政治局常务委员会在3月4日召开的会议中明确提出新能源汽车充电桩是新型基础设施建设的七大重点领域之一。因此,目前我国正处于充电基础设施的快速建设阶段,有必要对充电设施进行科学合理的规划和布局。

电动车辆路径优化问题与充电站选址问题相互依赖,属于典型的"先有鸡还是先有蛋"难题:一方面,在充电基础设施不足的情况下,电动车辆难以推广使用;另一方面,只有当一定数量的电动车辆已经投入使用,并且产生规模效应,大规模的充电基础设施才能得以推进建设[11]。为了解决这个难题,学者们提出了充电站选址-路径优化问题(Electric Location Routing Problem,ELRP),旨在对电动车辆路径和充电站选址问题进行协同优化,进而降低城市物流网络的总建设和运营成本,实现电动化物流配送的可持续性发展[21]。

鉴于此,本书充分考虑充电策略、客户取送服务模式以及充电站选址对电动物流车辆路径优化的影响,提出了基于时空状态网络的城市电动物流车辆路径优化方法,对电动车辆路径、取送货服务过程、充电策略以及充电站选址决策展开精细化建模。本书的研究工作可以为电动物流车辆运营管理方法奠定理论基础,对于提高电动化物流系统服务效率、降低运营成本及优化充电基础设施布局具有重要的意义,有助于推动我国城市电动化物流配送的快速发展。

1.2　电动车辆的发展概况

1.2.1　电动车辆的发展趋势及政策

在市场和政府的双重推动下,近年来我国新能源汽车市场发展十分迅速[22]。2016—2020年我国新能源汽车和纯电动汽车的保有量变化如图1-1所示。2020年全国新能源汽车保有量达492万辆,占汽车总量的1.75%,比2019年增加111万辆,其中纯电动汽车保有量400万辆,比2019年增加90万辆[23]。新能源汽车的增幅有所下降,主要原因在于国家对新能源汽车产业的补贴额度逐渐退坡,产业从政策驱动和投资拉动阶段进入了以市场驱动为主、政策支持为辅的后补贴时代[24]。

2010—2020年全球电动汽车数量变化如图1-2所示。2020年全球电动汽车总量突破1 000万,预计2030年除两轮车、三轮车之外的全球电动汽车存量将增长

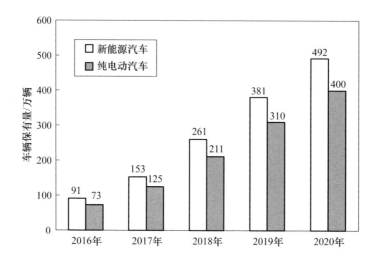

图 1-1 2016—2020 年中国新能源汽车和纯电动汽车保有量[23]

到约 1.45 亿辆,届时电动汽车约占道路车辆的 7%[25]。电动汽车不仅是汽车产业电动化、智能化和共享化的发展产物,也是未来低碳交通和绿色运输的必然选择[26]。

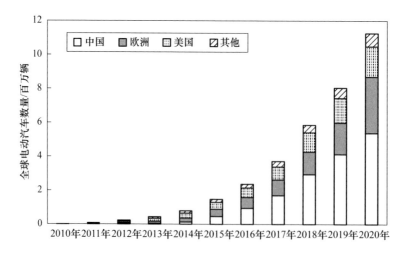

图 1-2 2010—2020 年全球电动汽车数量

在城市物流配送中,采用电动货车替代传统柴油燃料货车是在绿色物流框架下实现城市地区脱碳的重要途径[27]。一些城市对物流配送车辆提出车型和工作时间的限制,以缓解城市交通日益严重的拥堵、噪声和污染问题[28]。传统燃油物流车辆因其"高排放、高污染、高能耗"的特点,普遍存在区域限制、上牌困难等问题,影响作业效率。同时,较高的汽油、柴油价格带来较高的使用成本。相较于传统燃油车,新能源物流车在路权方面有更多优势[29]。电动物流车在行驶过程中可以实现零污染、零排放,能够有效缓解污染压力,实现绿色运输,同时也更有利于提高作业效率、节省运营成本[30]。

从经济成本和环境影响的角度出发,Muñoz-Villamizar 等[31]根据案例数据提出,使用电动物流车所减少的环境成本比使用传统燃油车所节省的经济成本多,甚至可以在经济成本仅超支 2% 的情况下减少 22% 的环境影响。Ellingsen 等[32]从车辆全生命周期的碳排放角度,通过比较全生命周期的碳排放,分析得出电动物流汽车更有利于减少温室气体。Giordano 等[33]研究发现,如果在城市电力能源结构相对清洁的前提下,将柴油物流车全部替换为纯电动物流车,二氧化碳排放量和空气污染物排放量能分别减少 93%~98% 和 85%~99%。

为了推广新能源汽车在物流领域的应用,我国发布了一系列政策,从通行限制、电池技术、充电基础设施建设等方面鼓励物流企业使用新能源车辆,具体的总结见表 1-1。

表 1-1 中国新能源物流车辆相关政策

发布年份	发布单位	文件名称	主要内容
2017	交通运输部办公厅、公安部办公厅、商务部办公厅	《关于组织开展城市绿色货运配送示范工程的通知》[34]	加大对新能源城市配送车辆的推广力度,加强政策支持并给予通行便利,健全完善加补气、充电等基础设施建设
2018	国务院办公厅	《关于推进电子商务与快递物流协同发展的意见》[35]	鼓励快递物流领域加快推广使用新能源汽车和满足更高排放标准的燃油汽车,逐步提高新能源汽车使用比例
2019	国务院办公厅	《转发交通运输部等部门关于加快道路货运行业转型升级促进高质量发展意见的通知》[36]	对符合标准的新能源城市配送车辆给予通行便利,除特殊区域外,对纯电动轻型货车原则上不得限行
2020	国务院办公厅	《转发国家发展改革委交通运输部关于进一步降低物流成本实施意见的通知》[37]	放宽标准化轻微型配送车辆通行限制,对新能源城市配送车辆给予更多通行便利

5

续表

发布年份	发布单位	文件名称	主要内容
2020	国务院办公厅	《新能源汽车产业发展规划(2021—2035年)》[38]	推动新能源汽车在城市配送、港口作业等领域应用,为新能源货车通行提供便利
2021	交通运输部	《关于交通运输部公路科学研究院开展公路基础设施延寿与绿色建养技术研发应用等交通强国建设试点工作的意见》[39]	加强现代交通物流新技术、新装备研发与应用,加强汽车动力电池健康度检测诊断技术及装备研发应用

1.2.2 新能源物流车辆的应用

新能源车辆按动力类型可划分为以下4大类:电池电动汽车、增程式电动汽车、插电式混合动力汽车、燃料电池电动汽车[40]。新能源车辆在物流中的应用具体如下。

电池电动汽车是指通过电网等外部充电设备来为动力电池充电,再用电池中的能量为电动马达提供动力的汽车[41,42]。相较于传统燃油车辆,电池电动汽车具有耗能低、排放少、噪音小等明显优势,同时也有续航能力弱、充电时间长等劣势[43,44]。但由于城市物流配送的货运里程通常较短,在该场景下,电池电动汽车的里程限制也不再被视为短板[45]。因此,电池电动物流车在城市"最后一公里"物流配送中被广泛使用。美国UPS快递公司使用低碳的生态卡车、电动自行车等新型运输工具来满足配送需求,实现物流的可持续发展[46]。法国车辆制造商雷诺(Renault S.A.)研发了配置安全警报系统的零排放、低噪音电动物流车,适用于城市"最后一公里"的快递配送[47]。

增程式电动汽车针对电池电动汽车续航里程短的弱点进行了改进。通过在电池电动汽车中引入小型辅助动力单元(增程器),能够在电池电量不足的情况下对电动电池进行充电,可以有效缓解驾驶员的里程焦虑[48]。考虑到增程式电动汽车具备更大的驱动力,因此它适用于物流运输[49]。但大部分增程式电动汽车在启动增程器为电池充电时无法行驶,导致车辆不能长距离、高效率地运行,因此增程式电动汽车多被应用于城市内和城郊的配送[24,50]。在实际应用方面,2019年UPS开始在英国使用与英国Tevva电动汽车公司共同研发的增程式电动物流配送车,该车具备23 m³的容量,满电后可行驶400公里,突破了纯电动物流车续航里程的限制,提高了配送车的运营效率[51,52]。2020年荷兰汽车制造商达夫(DAF)同样推出了增程式电动卡车,续航里程为200公里,同时通过电池优化将车辆减重700公斤,直接提高了车辆的有效负载[53]。

插电式混合动力汽车通常具备电池和燃料两种能源,以及发动机和电动机两种能量转换装置[54],大多数情况下使用"电荷消耗-电荷维持"的能量管理策略[55]。当电池电量充足时,汽车使用电荷消耗模式,和电池电动汽车一样用电池作为推进能量,该模式下的汽车具有较低的运行成本和较高的环境效益[56,57]。当电池电量不足时,汽车切换到电荷维持模式,以汽油为能源,使用内燃机作为能量转换装置,与增程式电动汽车不同,插电式混合动力汽车在给电池充电的同时也能驱动车辆继续行驶[56,58,59]。插电式混合动力汽车具备电池电动汽车的环保性以及传统燃油车的便利性[56],但也具有结构模式复杂、转换过程耗能高的劣势[24,60,61],因此并不适用于需要车辆反复制动和启动、两个电力系统之间频繁转换的城市物流配送模式[50]。插电式混合动力汽车多被用于城郊的轻卡和重卡配送[24,50,61]。在实际应用方面,瑞士货车制造商斯堪尼亚(Scania)已经研发出相对成熟的插电式混合动力卡车,可以根据地理区域和行驶时间在内燃机和电机之间全自动切换,且只需35 min即可将电量充至80%,在缓解司机里程焦虑的同时,通过改善排放和噪音问题延长了卡车作业时间,扩大了使用范围,提高了运输效率[62]。

燃料电池电动汽车主要由氢提供动力,通过燃料电池将以氢的形式储存的能量转化为电能来驱动汽车行驶[63],其排放物只有水,不会产生有害的氮氧化物尾气,也不会排放二氧化碳[64]。与其他类型的电动汽车相比,燃料电池电动汽车主要有以下3个优势:首先,由于氢气的能源强度与汽油相同,因此具有较长的续航里程[65];其次,充电时间明显缩短,可降至3 min[66];最后,比电池电动汽车更适应低温环境下的工作,有利于在低温地区推广使用[65,66]。虽然当前燃料电池电动车依旧面临着制氢成本高、氢气补充站基础设施建设不足等问题[67],但是各国已出台相应的基建政策来支持其发展,部分快递物流企业也通过与电动汽车制造商合作的方式,开发出新型燃料电池电动送货车。德国DHL快递公司与电动汽车制造商 StreetScooter 于 2019 年合作研发了具有额外燃料电池能力的纯电动汽车,其附加的燃料电池可为汽车提供额外动力,续航里程可达 500 公里[68]。

1.2.3 电动车辆充电运营模式

在"双碳"战略的指引下,新能源汽车是替代传统燃油车辆、减少能源过度依赖和减少温室气体排放的重要工具[69]。电动汽车普遍存在续航里程短的问题,导致驾驶员产生"里程焦虑"。因此,基础设施的数量和布局在一定程度上会影响社会对新能源汽车的接受程度,影响其未来的发展和应用规模[69,70]。充电基础设施的建设和推广是发展新能源汽车产业的保障,对于推动交通电气化、实现绿色运输有重要意义。

为了解决国内新能源汽车充电需求与供应不平衡的问题,我国近年来发布了一系列关于加快充电基础设施建设的政策性文件。政府鼓励地方建设充电基础设施,并给予奖励,截至 2020 年 11 月,中央财政已累计下达奖励资金 45 亿元[71]。表 1-2 总结了近年来我国新能源汽车充电基础设施建设的相关政策。除此之外,各省市也针对性地推出了充电基础设施建设的相关政策,内容包括宏观综合、财政支持、电费服务和规划建设等方面,在降低了新能源汽车使用者充电费用的同时,也给予了充电基础设施运营商一定的补贴,完善了设施布局,进一步解决了充电难的问题[24]。

表 1-2 新能源汽车充电基础设施建设的相关政策

发布年份	发布单位	文件名称	相关内容
2015	国务院办公厅	《关于加快电动汽车充电基础设施建设的指导意见》[72]	建立适度超前、车桩相随、智能高效的充电基础设施体系。鼓励在用户居住地、单位内部、公共服务领域和城市公共场所等地区建设充电设施
2018	国务院	《打赢蓝天保卫战三年行动计划》[73]	物流集散地建设集中式充电桩和快速充电桩,为承担物流配送的新能源车辆在城市通行提供便利
2019	交通运输部、中央宣传部、国家发展改革委等	《绿色出行行动计划(2019—2022 年)》[74]	加快构建便利高效、适度超前的充电网络体系建设。加大对充电基础设施的补贴力度,推广落实各种形式的充电优惠政策

续表

发布年份	发布单位	文件名称	相关内容
2020	国务院办公厅	《新能源汽车产业发展规划(2021—2035年)》[75]	加快充换电基础设施建设,形成适度超前、快充为主、慢充为辅的城乡公共充电网络,鼓励开展换电模式应用
2020	交通运输部、国家发展改革委	《绿色出行创建行动方案》[76]	加快充电基础设施建设,推动绿色出行,加快形成绿色生活方式
2021	交通运输部	《综合运输服务"十四五"发展规划》[77]	深入开展绿色出行行动,推进新能源汽车规模化应用,加快充电基础设施建设

根据充电技术的不同,目前新能源汽车充电基础设施可以划分为3类,即固定充电站、移动充电站和无接触充电设施[78]。

(1) 固定充电站

固定充电站是目前使用范围最广的充电基础设施,配备一个或多个充电插座。固定充电站按照充电方式可分为直流充电桩和交流充电桩;按安装方式可分为落地式充电桩和挂壁式充电桩;按访问性可分为公共充电桩和私人充电桩;按充电速度可分为快充桩和慢充桩[24,79]。慢速充电的充电效率较低,充电时间过长;快速充电对充电站设备的要求较高,同时容易造成电池损坏[79,80]。

公共充电桩是建设在公共停车场上,为社会车辆提供充电服务的充电桩。作为公共产品它可以较好地反映出我国充电基础设施的发展水平。我国近年来公共类充电设施的发展状况如图1-3所示,从图中可以看出,公共类充电设施数量逐年稳步上升[81]。这一方面由于我国充电基础设施政策体系不断完善;另一方面由于新能源汽车保有量大幅度增加,充电需求更大,充电基础设施建设投入不断增多。

在政策和市场的双重推动下,固定充电站逐渐具备了分布多、价格低和使用便利的优势。但由于新能源汽车数量不断增加,充电站和汽车之间仍存在一定的供需不平衡,导致特定区域内的充电设施数量有限,难以应对突发需求[82],以及充电负荷不协调引发电网过载等问题[83]。

(2) 移动充电站

移动充电站是一类新型的电动汽车充电设备,同样具备一个或多个充电插座,

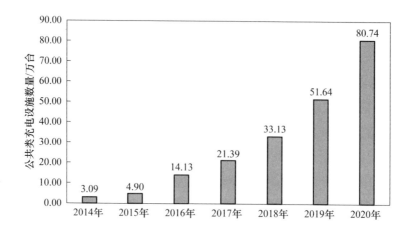

图 1-3 我国 2014—2020 年公共类充电设施发展状况[81]

它可以根据电动汽车驾驶员提出的时间和地点需求来提供充电服务[84]。按充电技术对移动充电站进行划分,主要可分为以下 3 类:卡车移动充电站、便携式移动充电站和 V2V(Vehicle-to-Vehicle)电力传输[78]。其中,卡车移动充电站的储能系统被安装在卡车上;便携式移动充电站的储能系统由车辆牵引或携带;V2V 电力传输是指两辆电动汽车之间的能量交换,在这个过程中,一辆电动汽车充当能源供应者,另一辆充当能源消费者[78,85]。

相较于固定充电站,移动充电站在运营调度上具有更强的灵活性,能根据驾驶员的实时需求进行电量补给,缓解"里程焦虑",同时可以减少驾驶员的排队时间,提高充电效率[86,87]。移动充电站自身具备储能系统,可以在非高峰时段充电和储存能量,缓解高峰期充电对电网造成的负担[88,89]。但作为一项新兴的充电设施,移动充电站目前在设计上还不够成熟,存在电力传输效率不足等技术限制[90]。同时,考虑到客户的充电需求具有随机性,移动充电站的调度也较为困难。

(3) 无接触充电设施

除了上述两种需要将电动汽车与充电站直接相连的充电方式,以电池更换和无线充电为主的无接触充电设施也逐渐得到应用。换电模式可以在短时间内为车辆补充电量,可以节约在途充电时间。但由于各品牌和型号电动车的电池种类不同,电池交换站需要准备多种电池,因此难以大范围普及[80]。

以充电跑道为代表的无线充电技术通过电动汽车和道路上的线圈之间的无线

磁连接来为车辆充电,充分利用了车辆的行驶过程,最大限度地减少了额外充电的时间,缓解了"里程焦虑",同时也降低了对电池容量的需求[78,91]。但由于现阶段的研发尚未成熟,充电跑道的安全性得不到保障,加之成本高昂,经济可行性较差,因此目前难以被大规模应用。

1.3 研究内容及创新点

1.3.1 研究内容

本书考虑充电策略、客户取送服务模式以及充电站选址等复杂因素对电动物流车辆运营管理的影响,研究了电动物流车辆路径问题,构建了一套电动物流车辆路径优化理论研究体系。具体研究内容如下。

(1) 构建基于离散时空状态网络的电动物流车辆路径理论研究框架

针对电动物流车辆路径优化问题,若采用传统物理网络的建模方法,需要设置的变量种类较多,并且变量之间的耦合约束较复杂。本书提出基于离散时空状态网络的方法,针对电动物流车辆的行驶过程、充耗电过程及客户取送货服务过程,建立时空状态网络流优化模型。通过将时空状态弧变量设置为决策变量,可以减少变量种类,简化模型结构。考虑到电动物流车辆配送过程受车辆承载能力和电池容量的限制,把状态维度扩展为可以同时描述电动车辆的累积载货状态和剩余电量状态的状态向量。基于该框架可以在时间、空间和状态维度上对电动物流车辆的行驶路径、取送货过程和充电策略进行同步优化。

(2) 考虑充电策略的电动物流车辆路径优化问题研究

本书从充电站的选择和单次充电量两个方面定义充电策略。考虑电动物流车辆承载能力、客户服务时间窗、电池最小剩余电量和电池容量限制、充电站承载容量等约束,采用部分充电策略,对电动物流车辆路径进行优化。基于研究内容(1)提出的时空状态网络建模框架,针对电动物流车辆的路径规划和充耗电过程展开精细化建模,建立多商品网络流优化模型。设计基于交替方向乘子法的算法框架,通过对客户配送需求和充电站承载容量约束进行拉格朗日松弛,并增加二次惩罚项,构建增广拉格朗日模型。通过线性化处理二次目标函数,在块坐标下降框架下,原问题被分解为最短路径子问题,嵌入前向动态规划算法,循环依次求解。惩罚项的引入可以破除拉格朗日松弛法的对称性,提高算法的效率。通过计算最优上界与最优下界之间的间隙值,评估解的质量。基于 Sioux Falls 网络构建测试算例,验证算法的时效性和可靠性。该方法可以在时间、空间和状态维度上同步优化电动车辆路径和充电决策,有效避免车辆绕行充电,节省在途充电时间和配送成本,实现城市电动化物流资源的时空优化配置。

(3) 考虑混合回程服务模式的电动物流车辆路径优化问题研究

为了提高电动物流车辆的服务效率,避免空车返回,在研究内容(2)的基础上,本书提出考虑混合回程服务模式的电动物流车辆路径优化问题。该问题中除了考虑完成送货任务,还需要考虑客户的取货需求,对服务客户的取货和送货顺序没有限制。基于扩展的时空状态网络构建多商品网络流优化模型,实现客户取送服务、车辆路径以及充电决策的同步优化。累积载货状态维度可以描述送货和取货导致的车辆装载状态变化过程。基于多子块交替方向乘子法的算法框架,构造增广拉格朗日松弛模型,经过线性化处理,分解为一系列单辆车的最短路径子问题,采用前向动态规划算法,以交替最小化的方式对子问题进行迭代求解。构建 7 点网络测试算例,分析充电速率、耗电率、电池容量、充电站承载容量和充电站数量等参数以及不同的客户服务模式对车辆路径和充电优化方案的影响。构建北京亦庄路网测试算例,比较交替方向乘子法和拉格朗日松弛法的计算效率。

(4) 充电站选址-车辆路径协同优化问题研究

为了充分考虑充电站选址和路径决策之间的相互依赖关系,在研究内容(3)的基础上,提出充电站选址-车辆路径协同优化问题,在给定充电站建设预算的条件下,对充电站选址、车辆路径以及充电方案进行协同优化。通过设置充电站选址决策变量和充电站承载容量约束,建立车辆的时空状态变量和选址变量之间的耦合关系。设计基于拉格朗日松弛法和交替方向乘子法的双层分解算法框架,把充电站选址-车辆路径协同优化问题分解为充电站选址子问题和电动车辆路径优化子问题进行求解。基于 9 点配送网络、Sioux Falls 网络和 West Jordan 网络构建算例,验证双层分解算法的有效性。通过充电站选址-车辆路径协同优化问题的求解,不仅可以在战略规划层面上对充电基础设施进行合理的选址布局,还能在运营层面上保证电动物流系统的服务效率。

1.3.2 创新点

本书在目前电动车辆路径问题研究的基础上开展工作,主要创新点如下。

(1) 提出了复杂场景策略下的电动物流车辆路径优化问题

本书考虑复杂运营管理策略对车辆路径规划决策的影响,从物流企业运营管理的角度出发,结合客户取送服务需求、充耗电过程及车辆行驶路径的时空特性,提出了考虑充电策略、混合回程服务模式以及充电站选址的电动物流车辆路径优化问题。本书全面考虑了车辆承载能力、电池容量和充电站承载容量的限制,以及客户服务时间窗、充电站建设预算等约束,符合电动化物流管理的实际需求。

(2) 研究了电动物流车辆路径优化的时空状态网络建模方法

本书提出了离散时空状态网络的建模方法。以时空状态弧变量为基础构建多商品网络流模型,可以简化模型结构,降低问题的求解难度,实现电动物流车辆路径、取送货过程和充电决策在时间、空间和状态维度上的同步优化。状态维度被扩展为可以描述车辆累积载货量和电池剩余电量的状态向量,能够呈现车辆载货量和剩余电量的动态更新过程。

(3) 设计并求解了电动物流车辆路径优化问题的分解算法

为了求解电动物流车辆路径优化问题,本书设计了基于交替方向乘子法的分布式优化算法框架。在拉格朗日松弛模型的基础上增加二次惩罚项,构造增广拉格朗日模型,可以破除拉格朗日松弛算法的对称性,提高算法的稳定性。基于交替方向乘子法的算法框架可将原问题分解为一系列单辆车的最短路径子问题,嵌入动态规划算法进行求解。在迭代过程中通过计算最优上界和最优下界,可以评估解的质量。此外,在时空状态网络的构建阶段,把时间、空间和状态维度上相关的约束嵌入动态规划算法,提前剔除不可行的时空状态弧,可以有效缩减搜索空间,从而提高算法的求解效率。

1.4 技术路线

本书的技术路线如图 1-4 所示。首先,研究考虑充电策略的电动物流车辆路径问题(EVRPTW-RS),基于时空状态网络的建模框架,构建多商品网络流优化模型,并设计基于交替方向乘子法(ADMM)的分解框架,嵌入前向动态规划算法求解每辆车对应的最短路径子问题;其次,在 EVRPTW-RS 问题的基础上研究考虑混合回程服务模式的电动物流车辆路径问题(EVRPMBTW-RS),分析不同的取送服务模式对电动车辆路径规划和充电决策的影响;最后,研究充电站选址-车辆路径协同优化问题(ELRPTW-RS),考虑充电站建设总预算约束,建立选址变量和路径决策变量的耦合关系,设计基于拉格朗日松弛(LR)和交替方向乘子法(ADMM)的 LR-ADMM 双层分解算法,对充电站选址和车辆路径决策进行协同优化。

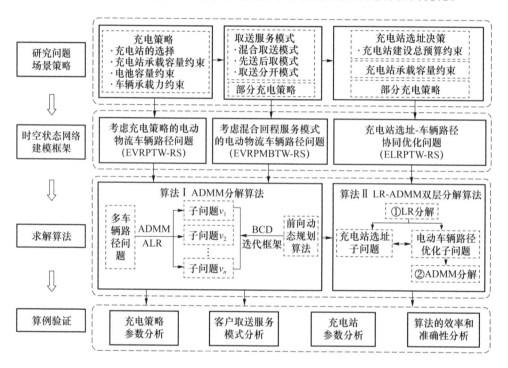

图 1-4　技术路线

1.5　本书章节结构

全书共分为 7 章,结构如下。

第 1 章:介绍了本书的研究背景与意义,分析了电动车辆的发展概况,明确了主要研究内容及创新点,并阐述了研究的技术路线和本书的章节结构。

第 2 章:首先介绍了车辆路径问题的研究现状,重点分析了带回程的车辆路径问题及算法。从充电策略、服务模式和充电设施选址 3 个方面总结了电动车辆路径问题的相关研究,并整理了求解此类问题的精确式和启发式算法。

第 3 章:全面系统地介绍了基于物理网络、离散时空网络和时空状态网络的车辆路径优化建模理论框架,深入分析了拉格朗日松弛法、增广拉格朗日乘子法和交替方向乘子法这 3 种对偶方法的原理和特点。

第 4 章:研究了考虑充电策略的电动物流车辆路径优化问题。基于时空状态网络构建了多商品网络流优化模型,设计了基于交替方向乘子法的求解算法框架,基于 Sioux Falls 网络构建算例,对算法进行了验证。

第 5 章:研究了考虑混合回程服务模式的电动物流车辆路径优化问题。运用时空状态网络建模理论建立了优化模型,并基于交替方向乘子法和拉格朗日松弛法设计了两种不同的求解算法。构建 7 点网络测试算例,并分析了关键参数和客户服务模式对车辆路径和充电方案的影响。构建了北京亦庄路网测试算例,比较了两种算法的计算效率。

第 6 章:研究了充电站选址-车辆路径协同优化问题。考虑了充电站承载容量约束和充电策略,在给定充电站建设预算的条件下,对充电站选址、车辆路径和充电方案进行了优化。设计了基于拉格朗日松弛法和交替方向乘子法的双层分解算法。基于 9 点网络、Sioux Falls 网络和 West Jordan 网络构建算例,验证了双层分解算法的有效性。

第 7 章:总结了全书的主要研究内容,并对未来的研究工作进行了展望。

第 2 章　国内外研究现状

电动车辆路径问题是车辆路径问题的一类重要的延伸问题。本章首先介绍车辆路径问题的发展,结合本书的研究内容,重点分析了带回程的车辆路径问题的研究进展,然后从充电策略、取送服务模式、充电站选址 3 个角度梳理了电动物流车辆路径优化问题的国内外研究现状,并对求解该问题的精确式和启发式算法进行了总结。

2.1　车辆路径问题及求解算法

车辆路径问题(Vehicle Routing Problem,VRP)最早是由 Dantzig 和 Ramser[92]于 1959 年提出的,属于 NP-hard 问题[93]。VRP 问题旨在在运输需求和车辆给定的情况下,找出以最小化成本完成所有运输需求的车辆路径[94],被认为是城市物流系统优化的关键问题[95]。随着现实情况复杂程度的不断提高,VRP 问题衍生出了诸多变体问题。Toth 和 Vigo[96]根据路网结构、运输需求类型、路径约束、车队组成、优化目标等特征对 VRP 的变体问题进行了分类。

结合本书后续的研究内容,本节重点分析了带回程的车辆路径问题(Vehicle Routing Problem with Backhauls,VRPB)的研究进展。Deif 和 Bodin 等[97]首次提出了 VRPB 问题,将客户集划分为送货客户和取货客户,车辆从配送中心离开后,先访问送货客户进行配送(delivery),再访问取货客户进行收货(collection),并返回至配送中心。对于 VRPB 而言,取货客户和送货客户可以在同一条路径上[98]。VRPB 问题与带取送货的车辆路径问题(Vehicle Routing Problem with Pickups and Deliveries,VRPPD)虽然都考虑了客户的取货和送货需求,但前者既要把配送中心的货物运输到送货点,又要从取货点收回其他货物,并运回至配送中心,而后者是从取货点取到货物后直接运输到送货点,货物是在客户之间运输[99]。为了降低 VRPB 问题的复杂度,现有的研究假设配送车辆只有在完成所有的送货任务后,才能开始服务客户的取货需求[100~103]。为了避免中途在车厢内重新整理货物,车辆通常不按混合顺序取货和送货[104]。Toth 和 Vigo[105]提出了一种精确的分支定界算法来求解 VRPB 问题。Mingozzi 等[102]针对 VRPB 问题运用集合划分方法构建整数规划模型,并设计了一种精确算法来求解。Salhi 和 Nagy[106]针对 VRPB 问题设计了一种基于插入的启发式算法,每次可以插入多个送货客户。VRPB 问题在物流配送领域有较多的应用场景,可以有效提高物流的利用率,降低运输成本。例如,在逆向物流系统中,企业需要从客户处回收退回产品、零部件、包装等,可以将这一过程与正向物流产品的配送结合,优化车辆的行驶路径。在电商物流系统中,可以通过共享车辆和路线的方式对"最先一公里"取货过程和"最后一公里"送货过程进行整合[107]。

随着快递物流配送时效性和服务质量的提高,越来越多的客户选择上门取货服务,物流公司需要及时满足客户的取货需求。例如,快递物流公司提供 1 小时内上门取件服务,客户通过在线预约选择取件时间,快递员需要在预约的时间段内完成上门取件。此外,考虑到某些客户特殊的服务时间需求,为了节省运输时间和成本,配送员需要按混合顺序访问送货点和取货点。因此,VRPB 问题中关于"先送后取"的服务顺序假设难以满足实际的客户需求,取货客户和送货客户应该享有同等的服务顺序。为此,学者们开始研究带混合回程的车辆路径问题(Vehicle Routing Problem with Mixed Backhauls,VRPMB)[108,109]。

Koç 和 Laporte[104]总结了 VRPB 的变体,包括 VRPMB 问题、多配送中心的 VRPB 问题、带时间窗的 VRPB 问题以及考虑异质车队的 VRPB 问题。考虑混合回程的客户服务模式可以降低物流车辆回程空车率和总出行成本[110]。Wade 和 Salhi 等[108]根据回程服务顺序将 VRPB 问题分为标准 VRPB 问题、混合 VRPB 问题和受限 VRPB 问题,如图 2-1 所示。

在标准 VRPB 问题中,每条路径必须服务完所有送货客户才能访问取货客户,且每条路径都至少有一个送货客户,如图 2-1(a)所示。例如,在车辆 V_1 的路径上,先服务送货客户 L_1、L_2 和 L_3,再服务取货客户 B_1、B_2 和 B_3。在车辆 V_2 的路径上,先服务送货客户 L_4、L_5 和 L_6,再服务取货客户 B_4 和 B_5。

混合 VRPB 问题（VRPMB）对送货客户和取货客户没有严格的服务顺序限制，允许在访问送货客户之前服务取货客户，具有更强的灵活性，每辆车可以按混合顺序服务送货客户和取货客户，如图 2-1（b）所示。例如，在车辆 V_1 的路径上，可以在服务送货客户 L_3 之前服务取货客户 B_1。对于标准 VRPB 问题，仅需在回程部分考虑车辆的容量约束。而对于 VRPMB 问题，每条路线的所有弧都需要满足车辆容量约束，因此比标准 VRPB 问题限制更多。随着配送车辆的车厢构造不断改进，货物可以从不同的侧面装载，因此取货和送货（投递）可以混合进行，在 VRPMB 问题的研究中引起了更多的关注[111]。

受限 VRPB 问题折中了标准 VRPB 问题和混合 VRPB 问题，送货客户和取货客户在一定的限制约束下按混合顺序服务。对于每条路线，路径上第一个取货客户的位置是受限制的，只有完成给定百分比的送货任务，才能提供取货服务[108]。以图 2-1（c）为例，规定只有服务完 60% 的送货客户之后，才能访问取货客户，因此在车辆 V_1 和 V_2 的路径上，均先访问完两个送货客户。

由于 VRPMB 问题具有复杂性，目前相关研究主要采用启发式求解算法。Wade 和 Salhi[108] 设计了一种贪婪插入型启发式算法来寻找 VRPMB 的解决方案。Crispim 和 Brandão[109] 提出了一种基于禁忌搜索和可变邻域下降方法的混合算法来求解 VRPMB 问题，并且允许在客户点同时完成取货和送货服务，将 VRPMB 和同时取送货的 VRP 问题结合起来。Küçükoğlu 和 Öztürk[112] 针对混合和受限 VRPB 问题开发了决策支持系统，并提出了一种基于贪婪随机自适应记忆编程搜索的可视化交互方法。

部分学者研究了考虑车队规模和构成的 VRPMB 问题。Salhi 等[113] 提出了考虑车队规模的 VRPMB 问题，并设计了一种基于集划分方法的启发式算法。Berghida 和 Boukra[114] 提出了一种量子启发式算法来解决考虑异质车队的 VRPMB 问题，应用量子原理来加速进化过程并确定可变种群大小。Belloso 等[115] 提出了一种迭代的有偏随机启发式算法来求解考虑车队规模的 VRPMB 问题。

部分学者在 VRPB 问题的基础上考虑了客户的服务时间窗限制，提出带回程和时间窗的车辆路径问题（Vehicle Routing Problem with Backhauls and Time Windows，VRPBTW）。Zhong 和 Cole[116] 针对 VRPBTW 问题设计了一种基于分

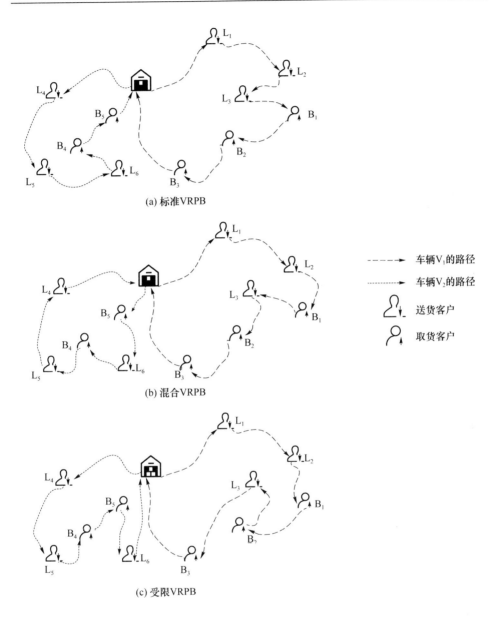

图 2-1 标准 VRPB、混合 VRPB 和受限 VRPB[110]

段规划的引导式局部搜索启发式算法。Reimann 和 Ulrich[117]基于蚁群优化方法求解了考虑不同回程策略的 VRPBTW 问题,包括两个取货和送货分开的独立 VRPTW 问题、标准 VRPBTW 问题和混合 VRPBTW 问题。Küçükoǧlu 和 Öztürk[112]提出了一种结合模拟退火和禁忌搜索方法的混合元启发式算法来求解

VRPBTW 问题。

部分学者在 VRPMB 问题的基础上提出了带混合回程和时间窗的车辆路径问题（Vehicle Routing Problem with Mixed Backhauls and Time Windows，VRPMBTW）。Belmecheri 等[118]研究了考虑异质车队的 VRPMBTW 问题，并设计了一种蚁群算法来求解该问题。之后，Belmecheri 等[119]针对同样的问题又提出了一种带有局部搜索的粒子群优化算法。Wu 等[111]针对考虑异质车队的 VRPMBTW 问题，设计了一种基于多属性标签的蚁群算法，最小化总服务成本以确定车辆类型、车队规模和出行路线。由于 VRPMBTW 问题比较复杂，现有研究中的精确求解算法仅针对小规模算例进行测试。Oesterle 和 Bauernhansl[120]提出了一种基于分支定界的精确式算法来求解考虑异质车队和生产能力的 VRPMBTW 问题，并以小规模的食品行业物流算例进行测试。

2.2　电动车辆路径问题研究

电动车辆路径问题（EVRP）是 VRP 问题的重要分支，也是当前物流配送领域的研究热点。有学者在大量文献调研的基础上对 EVRP 问题的研究进行了较为全面的综述。Pelletier 等[121]从市场份额、成本竞争力以及政府推广政策方面对电动车产业进行分析，梳理了电动车在交通科学中的应用存在的问题，包括车队规模和组合问题、车辆路径问题和最优路线问题，并分别从战略、战术和操作角度对已有电动车配送问题研究进行总结。Dammak 等[122]从环境、社会和经济方面阐述了推广使用电动汽车的意义，根据电动汽车的特点和使用方法对 EVRP 问题进行分类，并总结了相关的求解算法。Erdelić 和 Carić[123]从能量最短路径问题和电动旅行商问题、混合车队、充电技术、部分充电策略、非线性充电函数、电池交换站等方面总结了对 EVRP 及其变体的研究，把求解算法分为精确式算法和启发式算法。Shen 等[15]从电动汽车充电基础设施规划、电动汽车充电运营以及公共政策和商业模式方面梳理了电动汽车服务运营优化模型。Ghorbani 等[124]主要从环保角度对车辆路径问题进行了总结，对替代燃料汽车、电动汽车和混合动力汽车的 VRP 问题及其变体进行了归纳。Qin 等[125]把电动汽车相关的 VRP 问题划分为电动旅行商问题、绿色 VRP、EVRP、混合车队 EVRP、电动选址-路径问题、混合动力

EVRP、电动 dial-a-ride 问题、电动二级 VRP 及电动同时取送货问题。

考虑到本书主要研究的问题,本节重点从充电策略、服务模式、充电站选址 3 个角度对国内外关于电动车辆路径优化问题的研究进行梳理和总结,具体如下。

2.2.1 考虑充电策略的电动车辆路径优化问题研究

电动车辆路径优化需要优化车辆的路径和充电策略,该问题模型结构复杂,属于 NP-hard 问题[20]。求解该问题不仅需要针对客户的服务需求优化车辆的行驶路径,还需要确定包含充电站的选择和充换电模式的综合充电方案。Erdogan 等[126]假设充电时间固定,能耗是行驶里程的线性函数,以最小化总出行距离为目标,采用 Clarke-Wright 的节约启发式算法求解模型,得到的最优解依赖于客户和充电设施的位置。Lin 等[127]考虑了车辆货物负载量对电量消耗的影响,以最小化旅行时间和电量消耗成本为目标,假设充电时间是固定的,未考虑车辆的承载能力约束。Montoya 等[128]考虑电动车辆有限的行驶里程限制,提出了一种分段线性逼近的方法,以更精确地描述电动车辆的非线性充电过程。李杰等[129]考虑电动车货物容量和电池续航里程约束,基于电商终端物流配送场景,建立了电动车配置与路径规划集成优化模型,并设计了一种双策略蚁群算法进行求解。郭放等[130]从差异化服务时间的角度,提出考虑多车型电动车辆路径与充电策略优化问题,并设计了混合启发式的求解算法。Kancharla 等[131]根据实际情况,考虑非线性充电过程以及与车辆负载相关的放电过程,研究了电动车辆路径问题。

近年来,学者们在 EVRP 问题的基础上考虑客户服务时间窗约束,研究了带时间窗的电动车辆路径优化问题(Electric Vehicle Routing Problem with Time Window,EVRPTW)。Schneider 等[132]假设充电量与充电时间是线性关系,充电时间由到达充电站的剩余电量和充电速率决定,以此来研究 EVRPTW 问题。Cortés-Murcia 等[133]研究了考虑"卫星客户(satellite customers)"的 EVRPTW 问题,研究结果表明,电动汽车在充电站充电期间,允许通过另一种交通方式访问卫星客户,可以有效利用车辆的充电时间完成配送。葛显龙等[134]研究了带软时间窗的电动车辆路径优化问题,并设计了一种基于节约里程和禁忌搜索的两阶段算法对该问题进行求解。Keskin 等[135]考虑了充电站的有限容量,研究了带有软时间窗并考虑时变等待时间的 EVRPTW 问题。Lu 等[136]研究了考虑高峰时段交通拥堵影响的时变电动汽车路径问题。

根据实际应用需求,可以选择快速充电、慢速充电、更换电池等不同的充换电技术,扩大电动车辆的行驶范围。Keskin 等[137]提出了考虑正常、快速、超快速充电 3 种充电技术的 EVRPTW 问题,通过大量实验证明了快速充电可以降低车队的规模和能耗成本。Masmoudi 等[138]提出了基于电池交换站的电动 dial-a-ride 问题,电动汽车通过在电池交换站上更换已放电的电池完成电量的补充。Li 等[139]研究了基于电池交换技术的电动车辆路径问题,建立了考虑速度、负载和距离的车辆能耗和碳排放测算模型。

从单次充电量多少的角度,电动车辆的充电过程建模策略可以分为:完全充电策略和部分充电策略。完全充电策略是指电动车辆需要在充电站充满电,充电时间可能较长,因此会影响物流配送的时效性。部分充电策略是指电动车辆只需补充能够支撑其完成剩余配送任务的部分电量即可,因此可以减少中途不必要的充电等待时间。考虑到电动车辆在非配送时间在配送中心集中充电的成本更低,配送途中补充部分电量即可,这样可以降低电动车辆的充电成本,节省配送时间[21,140]。Felipe 等[140]采用部分充电策略和不同的充电技术(快充和慢速),以最小化总充电成本和总距离为目标,研究了电动车辆的路径规划和充电决策优化方法。Bruglieri 等[141]通过把电动汽车在每个充电站点的电池充电水平设为决策变量,研究了考虑部分充电策略的 EVRPTW 问题。Desaulniers 等[142]提出单次-完全充电、多次-完全充电、单次-部分充电和多次-部分充电 4 种充电策略,经算例实验分析得出了多次-部分充电的策略可以降低总成本和总车辆数的结论。Keskin 和 Çatay[143]通过把电动车完成充电后的电量状态设为决策变量,研究了考虑部分充电策略的 EVRPTW 问题。

部分学者从混合电动车队的角度研究了电动车辆路径问题,考虑了混合使用不同类型电动车辆的情况。Hiermann 等[144]在 EVRPTW 的基础上,进一步考虑在承载能力、电池容量以及购置成本等方面不同的车辆配置,以最小化总行程以及车辆总购置成本为目标来优化混合车队组成和车辆路径。Goeke 等[145]提出了由电动汽车和传统汽车构成的混合车队路径问题,并采用了考虑车辆速度、道路坡度和载重量等因素的实际能耗模型。Hiermann 等[146]提出了一种包含传统汽车、插电式混合动力汽车和纯电动汽车的混合车队路径问题。

上述关于电动车辆路径优化问题的研究主要是针对专用充电站或电池交换站的场景。当前公共充电站覆盖率较低,为了充分利用既有的充电设施,电动物流车辆可以在有充电设施的客户处充电,配送员可以充分利用车辆充电的时间来服务客户,进而节省总时间成本。Conrad 等[147]提出了在客户点处充电的带时间窗电动车辆路径优化问题,考虑车辆承载能力约束,设立了最小化车辆数和总成本两个目标函数,但其规定车辆只能在客户点处充电,没有考虑在专用充电站处充电,因此存在一定的局限性。此外,张鹏威等[148]针对电动车辆可在充电设施或其他配送中心充电的情况,提出了多配送中心电动车辆路径问题。

复杂的城市交通网络环境对电动物流车辆服务水平和配送效率有重要的影响。目前关于时变交通状态下的电动车辆路径优化的研究较少,且考虑的充电策略较为简单,忽略了许多重要的实际因素限制。Shao 等[149]采用时变的旅行时间来反映路网真实动态的交通环境,研究了在完全充电策略下的动态电动车辆路径优化问题,忽略了客户服务时间窗、充电站承载容量、充电站的选择等。

为了更好地缓解驾驶员的"里程焦虑",增强车辆调度的灵活性,移动充电技术也逐渐成为一个重要的研究方向[125]。Raeesi 和 Zografos[150]提出用移动换电车替代固定充电站为配送车补充电量,构造了考虑时间窗和同步移动换电的电动车辆路径优化模型。为了更符合配送车辆实际的运营情况,Raeesi 和 Zografos[151]将部分充电站设置在客户点处,移动换电车不再完全替代固定充电站,他们提出了同时考虑固定充电和移动换电的 EVRPTW 问题。

2.2.2　考虑服务模式的电动车辆路径优化问题研究

目前大部分电动车辆路径问题的研究针对单纯的配送过程建模,而忽略了客户的取货需求。Koç 和 Laporte[104]在关于 VRPB 问题的最新研究综述中指出目前缺少带回程的电动车辆路径问题研究,该领域存在较大的研究空间,是未来重要的研究方向之一。Granada-Echeverr 等[152]提出带回程的电动车路径优化问题,构建了混合整数规划模型。Cubide 等[153]考虑充电站位置和配电系统运行,研究了带回程取货的电动车辆路径优化问题。值得注意的是 Granada-Echeverr 等[152]和

Cubide 等[153]提出的模型仅针对"先送后取"的服务模式,并且该模型仅考虑在送货的终点或回程路径上设置充电站,对充电站的位置有较强的限制。Nolz 等[154]假设车辆只能在上午送货时段和下午取货时段进行充电,提出了考虑回程服务和充电管理一致性的电动车辆路径问题。

部分学者研究了同时考虑取货和送货的电动车辆路径问题。Grandinetti 等[155]考虑取货和送货需求,研究了带时间窗的电动车辆取送问题,通过最小化总行驶距离、电动汽车的总使用成本和不满足时间窗的总惩罚成本,构建了多目标优化模型。Yang 等[156]研究了考虑车辆负载能力、服务时间窗、充电时间和电池容量的电动车取送货路径问题,构建了整数非线性规划模型。Li 等[157]研究了带服务时间窗限制并考虑同时取货和配送的异质电动车队路径问题,建立了混合整数规划模型。Abdulaal 等[158]提出随机环境下考虑电网到车辆(G2V)和车辆到电网(V2G)服务的电动车取送路径问题,使用隐马尔可夫模型对充电站 G2V 和 V2G 服务的随机需求预测进行了建模。Goeke[159]提出了带时间窗的电动车取送货路径问题,车辆在充电站可以选择部分充电或完全充电策略。Jun 等[160]针对自主移动机器人配送场景,研究电动取送货问题,并分别建立了使用部分充电和完全充电策略的数学模型。Ghobadi 等[161]研究了考虑模糊时间窗和多车场的电动车辆路径取送问题。Yu 等[162]针对城市"最后一公里"的货车和机器人两级取送系统,提出了混合取送路径问题,其中机器人可以访问限制货车通行的区域,考虑机器人的电池电量限制,可以通过换电技术补充电量。Soysal 等[163]提出了考虑随机电池耗尽情况的电动车取送问题,可以缓解驾驶员的"里程焦虑",并构建了一个机会约束的混合整数非线性规划模型。李嘉等[164]研究了同时取送货和完全充电策略下的电动车辆路径优化问题,考虑了载货量和行驶距离对电动汽车能耗的影响。

近年来,学者们开始关注新兴的共享经济商业模式,并将其与电动车辆调度问题结合起来进行研究。Li 等[165]采用共享经济的理念,假设各企业间共享配送中心和客户信息,提出了一种考虑碳排放、碳税和分时电价的共享电动车辆路径优化模型。Yang 等[166]提出了一种用于共享电动汽车的电池交换模式,在该模式下,运输车辆负责在电池交换站和客户发出电池交换的需求点之间运输电池,基于实际轨迹数据集构建算例,运用数据驱动的方法设置电池交换站。Lin 和 Kuo[167]研究了考虑需求和停车位随机性的电动汽车共享系统车辆调配的问题。Zhang 等[168]提出了共享自动驾驶电动汽车的路径优化问题,并考虑了行驶时间和服务时间的不确定性。

2.2.3 充电设施选址-路径优化问题研究

为了提高电动物流车辆的服务效率,除了需要对电动车辆路径和充电策略进行优化,还要对充电基础设施进行合理布局。Mak 等[13]提出了一种在有限或不确定信息条件下的鲁棒优化的框架,分别从系统建设运营成本和投资回报目标两个角度设计了换电设施规划模型。Wang 等[169]研究了多类型充电站选址模型,并验证了混合充电站布局有助于实现规划区域的最优配置。黄振森和杨珺[170]在选址模型的基础上加入充电站服务容量的因素,考虑充电站点数量和用电配额的服务容量,建立了充电站选址的整数规划模型。

目前关于公共充电设施选址问题的研究是为了最大限度地满足电动汽车的充电需求和充电设施的服务覆盖范围[16,171]。He 等[171]结合公共充电站的本地供需约束,扩展了经典的集合覆盖模型、最大覆盖位置模型和 p 中值问题模型。He 等[172]在宏观战略层面上构建了一个研究公共充电站布局问题的建模框架,采用静态博弈论方法研究了公共充电站的可用性、电动车辆目的地选择和电价之间的相互作用,使得耦合的运输网络和电力网络实现平衡。Dong 等[173]基于实际的出行数据,研究了考虑电动汽车驾驶员出行活动限制下的公共充电站的选址问题。Riemann 等[174]提出一种新型的无线充电设施选址优化模型,该模型考虑了充电设施位置和交通流模式之间的相互作用,能够最大化覆盖网络上的交通流量。Arslan 和 Karaşan[175]研究了考虑同时使用纯电动汽车和插电式混合动力汽车情况下的充电站选址问题,在现有的电力和汽油成本结构下,最大限度地提高了车辆使用电力的里程,从而使运输的总成本最小化。Zhang 等[176]以流量覆盖最大化为目标,建立了考虑设施容量和动态需求的多周期充电站选址模型。Chen 等[177]通过考虑路径选择和充电等待时间的均衡,研究了电动汽车充电设施位置和容量的优化问题。Ghamami 等[178]研究了城际路网上电动汽车充电站的选址问题,最小化了基础设施成本和用户绕行、排队等待和充电导致的延迟时间。

随着海量交通出行数据的积累,学者们开始探索一种由大数据驱动的充电设施选址方法,该方法能够考虑实际的道路网络交通需求。Cai 等[179]基于从北京市大规模轨迹数据中挖掘的真实出行模式,对公共充电基础设施进行规划,并分析了潜在的环境影响。Bai 等[180]基于路网车辆 GPS 轨迹数据估计潜在的充电需求,提出了一个基于单元格的双目标函数优化模型,通过最小化总成本和最大化服务质量,得到了电动汽车充电站选址、容量和服务类型的优化方案。

上述单一的选址问题忽略了运营层面客户或供应商的访问,可能会导致较高的配送成本[181,182]。选址-路径问题(Location Routing Problem,LRP)本质上是为了解决设施选址问题(主问题),同时优化车辆路线(子问题)[183]。Prodhon 和 Prins[184]对物流网络设计中的 LRP 问题研究进行了综述,综述内容包括标准 LRP 问题、多级 LRP 问题、具有特殊或多目标的 LRP 等。LRP 问题结合了物流领域选址和路径两个基本的规划任务[185]。与单独解决设施选址和车辆路径问题相比,LRP 问题可以降低系统总成本[184]。

电动选址-路径问题(Electric Location Routing Problem,ELRP)作为 LRP 问题的扩展,可以充分考虑充电设施选址和车辆路径之间紧密的相互依赖关系,为电动化物流网络规划提供科学的决策依据。ELRP 问题可以在规划层面上优化充电设施的位置,在运营层面上优化电动车辆的路径和充电方案。

部分学者针对换电技术场景,提出了基于电池交换站的 ELRP 问题。Yang 和 Sun[186]研究了基于电池交换站的 ELRP 问题,可以同时确定电池交换站的选址策略和电动车辆路径规划方案。Liu 等[187]研究了基于电池交换站的带客户服务时间窗 ELRP 问题,并设计了不同的目标函数,包括最小化总行驶距离、车辆数量、电池交换站数量、电池数量和总成本。Zhang 等[188]考虑了路径规划过程中客户的随机需求,研究了面向电池交换站的 ELRP 问题。王琪瑛等[189]考虑客户服务时间窗、电动车辆装载容量、行驶范围限制等因素,研究了基于电池交换站带软时间窗的 ELRP 问题。

部分学者研究了考虑充电技术和充电策略的 ELRP 问题。Schiffer 和 Walther[21]提出了一个考虑部分充电策略和客户服务时间窗的充电站 ELRP 问题,并允许车辆在客户点处充电。Schiffer 和 Walther[190]针对电动物流网络设计提出了一种稳健的选址-路径优化方法,能够在空间客户分布、需求和服务时间窗口不确定的客户模式下,同时对充电站选址和车辆路径进行优化。Cui 等[191]面向移动充电的应用场景,研究了多种类型插电式充电设施的 ELRP 问题,同时优化了充电设施的位置和移动充电车辆路径。Wang 和 Song[192]提出了考虑充电策略和服务时间窗的 ELRP 问题,该问题需要确定充电基础设施类型和位置。Paz 等[193]研究了带有多车场的 ELRP 问题,考虑采用插入式充电和更换电池两种不同的电量补充技术。Li 等[16]设计了一个双层模型框架来研究公共充电基础设施选址问题,其中上层模型通过最小化建设预算来优化充电设施的位置,下层模型通过最小化运营成本来优化混合车队的车辆路径。

2.3 电动车辆路径优化问题的求解算法研究

目前电动车辆路径优化问题的求解算法主要是在传统车辆路径优化算法的基础上结合电动车辆的特性改进扩展而成[194]。本节按精确式算法和启发式算法对相关研究进行梳理。

2.3.1 精确式算法

精确式算法是指可以找到优化问题最优解的算法,通常用于求解小规模问题。由于电动车辆路径优化问题的复杂性,目前采用精确式算法的研究较少,其中具有代表性的方法有分支定价(Branch-and-Price)、分支剪支定价(Branch-Cut-and-Price)等。Desaulniers 等[142]构建了基于分支剪支定价的精确算法来求解 EVRPTW 问题,设计了基于单方向和双向标记的算法生成可行路径,能求解问题的最大规模为 100 位客户和 21 个充电站。揭婉晨等[195]针对 EVRPTW 问题构建了混合整数规划模型,提出了一种分支定价算法,运用列生成和动态规划算法对分解得到的主问题和子问题进行了迭代求解。Wang 等[196]研究了考虑多种类型充电基础设施的 ELRP 问题,设计了分支定价算法进行求解,并运用标号算法求解了定价子问题。Wu 和 Zhang[197]在求解两级电动汽车路径问题时使用了分支定价算法,第一层通过求解带资源约束的基本最短路径问题来生成可行列,在第二层采用双向标号算法生成可行路径。Qin 等[198]提出了单向汽车共享系统中的电动汽车搬运问题,构建了 set-packing 模型,设计了一种精确的分支剪支定价算法来求解该问题。精确式算法可以保证解的最优性,但随着问题规模的扩大,获得最优解的速度会明显降低[199]。

2.3.2 启发式算法

考虑到电动车辆路径优化问题的复杂性,目前国内外学者主要采用启发式算法对该问题进行求解,启发式算法效率高,其中常用的元启发式算法有变邻域搜索算法、自适应变邻域搜索算法、自适应大邻域搜索算法等[200]。Yang 和 Sun[186]设计了一种基于自适应大邻域搜索的四阶段启发式算法来求解 ELRP 问题。Hof 等[201]针对 ELRP 问题,设计了一种自适应变邻域搜索算法,从候选站点集合中选择电池交换站位置。Keskin 等[137]针对 EVRPTW 问题,设计了自适应大邻域搜索算法来求解大规模算例。Pelletier 等[202]针对考虑能源消耗不确定性的 EVRP 问题,使用基于大邻域搜索算法的两阶段启发式算法进行了求解。

混合启发式算法是指将不同的元启发式和启发式算法相结合形成的混合算法[123,199]。Küçükoğlu 等[17]研究了考虑时间窗和混合充电率的电动旅行商问题,并使用模拟退火和禁忌搜索的混合算法对该问题进行了求解。Schneider 等[132]针对 EVRPTW 问题设计了一种变邻域搜索算法与禁忌搜索结合的混合启发式求解算法,变邻域搜索算法依赖逐步增大的邻域执行局部搜索,避免陷入局部最优。Ge 等[203]建立了具有随机需求和动态补救措施的 EVRP 问题,基于 Clarke-Wright 算法和禁忌搜索算法设计了混合启发式算法来进行求解。Wang 等[204]提出考虑时变需求的动态 EVRP 问题,设计了一种自适应的混合启发式算法,在进化算法框架下采用特殊编码、自适应局部搜索算子等策略对该问题进行了求解。Bac 等[205]研究了考虑部分充电策略的 EVRPTW 问题,并运用变邻域搜索和可变邻域下降启发式算法进行了求解。Zhang 等[188]针对 ELRP 问题提出一种混合变邻域搜索算法,把粒子群优化和变邻域搜索结合起来,对选址问题和路径问题进行了交互式求解。

部分学者结合数学规划方法构造了混合启发式算法,这样的算法具备较好的稳定性和时效性,因此也被广泛用于求解电动车辆路径问题[199]。Jie 等[206]提出一种针对电池交换站的两级 EVRP 问题,并设计了基于列生成算法和自适应大邻域搜索算法的组合算法,其中列生成算法用于第一层求解把货物从仓库运送到配送中心的路径优化问题,自适应大邻域搜索算法用于第二层求解把货物从配送中心配送到客户的路径优化问题。Zang 等[207]研究了考虑电池非线性折旧的 EVRP 问题,设计了一种基于列生成的求解算法,采用标号算法来加快定价问题的求解速度。Chen 等[208]研究了考虑电动车辆和传统车辆混合车队的基于电池交换站的 ELRPTW 问题,提出了一种具有自适应选择方案的启发式分支定价算法,可以把精确策略与启发式策略结合起来。

2.4 本章小结

由于电动车辆近年来开始在物流行业逐步应用,目前国内外关于电动物流车辆路径优化理论与方法的研究仍处于起步阶段。本章介绍了车辆路径问题和电动车辆路径问题的国内外研究现状,重点从充电策略、服务模式和充电站选址 3 个角度梳理了电动车辆路径优化问题的研究进展,并整理了求解算法,为后续章节的研究内容奠定了理论基础。现从研究问题、优化模型和求解算法 3 个方面进行总结,具体如下。

(1) 在研究问题上,目前大部分关于电动物流车辆路径问题的研究仅针对单纯的配送过程建模,而忽略了客户的取货需求,缺乏对带回程的 EVRP 问题的研究,尤其是混合回程服务模式,且 ELRP 问题的相关研究也忽略了客户服务模式的影响。

(2) 在优化模型上,需要设置时间、空间、载货状态、电量状态等多类型的变量,并且不同类型的变量之间需要设置耦合约束,因此模型结构较为复杂。

(3) 在求解算法上,大部分研究采用启发式求解算法,该算法时效性较高,但难以判断解的质量。

本书后续内容将从研究问题、建模框架、求解算法、算例分析等方面,构造一套面向城市物流配送的电动车辆路径问题建模理论与优化方法,为城市电动化物流运营管理和充电基础设施规划提供决策支持。

第 3 章 物流车辆路径问题建模理论及求解方法

目前关于车辆路径问题的研究通常是在物理网络的描述框架上进行建模。本书研究的电动物流车辆路径优化问题需要考虑客户的取送货服务过程和电池的充耗电过程,基于物理网络构建的模型变量种类较多,变量之间的耦合约束较复杂,求解难度较大。为了简化模型结构,本书采用了基于时空状态网络的建模框架。本章首先系统地介绍了基于物理网络、离散时空网络和时空状态网络的物流车辆路径问题建模框架,并分析了不同网络的结构及特点,然后介绍了拉格朗日松弛法、增广拉格朗日乘子法和交替方向乘子法 3 种求解方法,为本书后续章节的研究工作提供理论基础。

3.1 网络模型框架

3.1.1 物理网络

采用经典物理网络对物流车辆路径问题进行建模时,把配送网络抽象为一个有向图 $G(N,A)$,其中 N 表示物理节点的集合,A 表示不同物理节点之间有向弧的集合。以一个 7 点物理网络为例,如图 3-1 所示,该网络的物理节点集合包括 1 个配送中心节点和 6 个客户点,车辆从配送中心(节点 O)出发,沿路径"2→5→6→4→3→1→2"运行,最后返回原配送中心。

以带时间窗的车辆路径问题(Vehicle Routing Problem with Time Window,VRPTW)[96]为例来阐述基于经典物理网络的建模框架。在 VRPTW 问题中,物

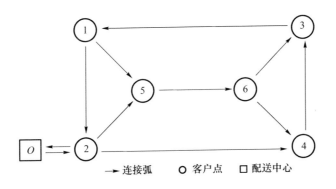

图 3-1　7 点物理网络示意图

理网络设为 $G(N,A)$，物理节点集合 N 包括配送中心节点 $\{0,n+1\}$ 和客户节点 N'，即 $N=\{0,n+1\}\cup N'$，其中表示配送中心的两个节点 0 和 $n+1$ 位置相同，每辆车都从节点 0 出发，完成所有服务后返回节点 $n+1$。i,j 表示网络中节点的序号；任意两个节点 i 和 $j(i,j\in N)$ 之间的连接表示为弧 (i,j)，其集合表示为 A；弧权重 c_{ij} 表示从节点 i 到节点 j 之间的运输成本、时间或者距离；V 表示车辆集合；t_{ij} 表示弧 (i,j) 的运输时间；Q 表示车辆的容量；$d_i(i\in N')$ 表示客户需求量；$[a_i,b_i]$ $(i\in N')$ 表示服务客户 i 的时间窗口。针对 VRPTW 问题，构建混合整数规划模型，模型中 x_{ijk} 和 T_{ik} 是两类决策变量，其中 x_{ijk} 表示如果车辆 k 经过弧 (i,j)，则变量 x_{ijk} 取值为 1，否则取值为 0；T_{ik} 表示车辆 k 在节点 i 的开始服务时间。具体如下。

$$\min Z = \min \sum_{k\in V}\sum_{i\in N}\sum_{j\in N} c_{ij} x_{ijk} \tag{3-1}$$

$$\sum_{k\in V}\sum_{j\in N} x_{ijk} = 1, \forall i \in N' \tag{3-2}$$

$$\sum_{i\in N'} d_i \sum_{j\in N} x_{ijk} \leqslant Q, \forall k \in V \tag{3-3}$$

$$\sum_{j\in N} x_{0jk} = 1, \forall k \in V \tag{3-4}$$

$$\sum_{i\in N} x_{ijk} - \sum_{j\in N} x_{hjk} = 0, \forall h \in N', \forall k \in V \tag{3-5}$$

$$\sum_{i\in N} x_{i,n+1,k} = 1, \forall k \in V \tag{3-6}$$

$$T_{ik} + t_{ij} - M(1-x_{ijk}) \leqslant T_{jk}, \forall i\in N, \forall j\in N, \forall k\in V \tag{3-7}$$

$$a_i \leqslant T_{ik} \leqslant b_i, \forall i\in N, \forall k\in V \tag{3-8}$$

$$x_{ijk} \in \{0,1\}, \forall i \in N, \forall j \in N, \forall k \in V \tag{3-9}$$

其中，式(3-1)表示最小化成本；式(3-2)表示每个客户恰好被服务一次；式(3-3)保证任意车辆的载货量不超过其最大承载能力；式(3-4)、式(3-5)和式(3-6)为流平衡约束，保证每辆车都从配送中心出发，访问客户后，最终返回配送中心；式(3-7)保证时间的可行性；式(3-8)保证车辆途经所有节点的时间满足时间窗要求；式(3-9)表示决策变量 x_{ijk} 是 0-1 整数变量。

3.1.2 离散时空网络

"时间-空间网络"(space-time network，简称为"时空网络")是在传统物理网络的基础上增加时间维度，将一维的物理空间网络扩展为二维的时空网络。与传统的物理空间网络相比，时空网络可以直观地描述时间与空间的耦合关系，可以更清晰地描述研究对象在网络上的时空状态，并能够把时间窗约束隐式嵌入网络模型[209]。该方法适用于对具有时间依赖性的网络进行分析建模[210]，已应用于铁路空车调配[211]、公交车辆调度[212]等领域。

用有向图 $\overline{G}(\overline{N},\overline{A})$ 表示时空网络，其中 $\overline{N}$ 表示时空节点(space-time node)集合，$\overline{A}$ 表示时空弧(space-time arc)集合。设 i,j 表示物理节点，t,t' 分别是途经节点 i,j 时对应的时间点，则 (i,t) 和 (j,t') 表示两个不同的时空节点，(i,j,t,t') 表示连接时空节点 (i,t) 和 (j,t') 的时空弧。每条时空弧的权重 $c_{i,j,t,t'}$ 表示时空弧 (i,j,t,t') 的成本。

构建时空网络时需要按固定的间隔对时间维度进行离散。例如，假设把时间区间 $[t_a,t_b]$ 按时间间隔 δ 离散为 m 个时间点，可以得到离散的时间点 $t_a,t_a+\delta,t_a+2\delta,\cdots,t_a+(m-1)\delta$，对应的时间点序号集合为 $T=\{0,1,2,\cdots,(m-1)\}$，且 $t_b=t_a+(m-1)\delta$，因此要保证被离散的时间区间长度 (t_b-t_a) 值能被 δ 整除。当空间物理节点固定时，离散时间点的数量越多，时空网络的规模会越大。因此需要结合实际问题，综合考虑模型精度和网络规模，设置合适的 δ 值。

采用时空网络的表示方式对图 3-1 中的路径进行描述，如图 3-2 所示，纵轴表示物理节点，横轴表示时间，时间区间为 $[0,15]$，时间间隔 $\delta=1$。带有箭头的实线表示时空弧，例如，时空运输弧 $(5,6,2,4)$ 表示车辆在 $t=2$ 时离开节点 5，在 $t=4$

时到达节点 6;时空等待弧(4,4,5,6)表示车辆在节点 4 处从 $t=5$ 等待至 $t=6$。车辆的时空路径可以通过连接时空弧来表示。

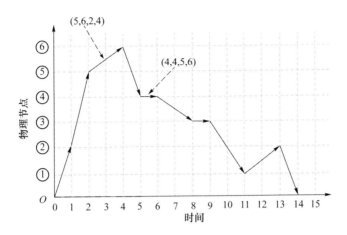

图 3-2 时空网络示意图

车辆路径问题受客户空间位置关系、客户服务时间窗等时空约束的限制,具备典型的时空特性[213]。3.1.1 小节中基于物理网络对 VRPTW 问题进行建模时需要设置时间决策变量 T_{ik} 和空间决策变量 x_{ijk},以及两类变量之间的耦合约束,模型结构复杂。基于时空网络的框架对 3.1.1 小节中的 VRPTW 问题模型进行重构,可以减少变量的种类和耦合约束条件。设 $x_{i,j,t,t'}^v$ 是决策变量,如果车辆 v 经过时空弧 (i,j,t,t'),则 $x_{i,j,t,t'}^v$ 取值为 1,否则取值为 0。t_0^v 是车辆 v 从配送中心节点 0 出发的时间,t_{n+1}^v 是车辆 v 到达配送中心节点 $n+1$ 的时间。针对 VRPTW 问题,基于时空网络构建多商品网络流优化模型,具体如下。

$$\min Z = \sum_{v \in V} \sum_{(i,j,t,t') \subset A_v} c_{i,j,t,t'} x_{i,j,t,t'}^v \tag{3-10}$$

$$\sum_{(i,j,t,t') \in A_v} x_{i,j,t,t'}^v = 1, \quad i=0, t=t_0^v, \quad \forall v \in V \tag{3-11}$$

$$\sum_{(i,j,t,t') \in A_v} x_{i,j,t,t'}^v = 1, j=n+1, t=t_{n+1}^v, \quad \forall v \in V \tag{3-12}$$

$$\sum_{(j,t')} x_{i,j,t,t'}^v - \sum_{(j',t')} x_{j',i,t',t}^v = 0, (i,t) \notin \{(0,t_0^v),(n+1,t_{n+1}^v)\}, \quad \forall v \in V \tag{3-13}$$

$$\sum_{v \in V} \sum_{(i,j,t,t') \in \Psi_{i,v}} x_{i,j,t,t'}^v = 1, \quad \forall i \in N' \tag{3-14}$$

$$\sum_{i \in N'(i,j,t,t') \in \Psi_{i,v}} x_{i,j,t,t'}^v \times d_i \leqslant Q, \quad \forall v \in V \tag{3-15}$$

$$x_{i,j,t,t'}^v \in \{0,1\}, \quad \forall (i,j,t,t') \in A_v, \forall v \in V \tag{3-16}$$

其中,式(3-10)表示最小化总时空弧成本;式(3-11)~式(3-13)是流平衡约束,保证每辆车都从配送中心出发,访问客户后,最终返回配送中心;式(3-14)保证每个客户恰好被车辆服务一次;式(3-15)保证任意车辆的承载量不超过其容量;式(3-16)表示时空弧变量 $x_{i,j,t,t'}^v$ 是 0-1 变量。

与 3.1.1 小节中基于物理网络构建的模型相比,基于时空网络的模型仅设置一组时空弧变量即可对车辆访问客户的时间和顺序进行优化,简化了模型结构,便于进一步设计分解算法进行求解。但是由于网络维度的拓展,变量数增多,求解空间增大,因此在算法设计上需要结合搜索空间缩减策略,把客户的服务时间窗约束和车辆承载能力约束嵌入时空网络的构建过程,以保证算法的求解速率。

3.1.3 时空状态网络

为了对更为复杂的状态变化过程进行建模,可以进一步把二维的时空网络扩展为"时间-空间-状态网络"(space-time-state network,简称为"时空状态网络"),来描述个体具体的时空位置及状态。时空状态网络具有时间维度、空间维度和状态维度,其中状态维度的属性可以依据所研究的问题设置[210]。Mahmoudi 和 Zhou 等[214]针对考虑城市交通场景下接送乘客的车辆路径问题,在时空网络的基础上增加了车辆承载状态维度,构造了一个三维的时空状态网络建模框架,可以描述车辆在时空路径上任意时刻的运输状态。Mahmoudi 等[215]基于时空状态网络对带中转的取送货问题进行了建模,其中状态维度表示累积服务状态,用来跟踪包裹的服务状态。Xu 等[216]基于时空状态网络的框架研究了列车时刻表与机车调度一体化问题,其中状态维度用来描述机车正在服务的列车。Lu 等[217]针对列车机车能量补充站选址-路径优化问题,构建了一个"时空-资源网络"(resource-space-time network),其中状态维度用来描述机车剩余可用的能量状态。Wang 等[218]运用时空状态网络构建了一个两阶协同多中心车辆路径优化模型,通过优化物流资源在空间和时间上的分布来满足物流需求,从而促进物流网络整体协作和资源共享。Yang 等[110]研究了带混合回程和客户服务时间窗的物流车辆路径优化问题,建立了时空状态网框架,把状态维度扩展为描述取货和送货过程的状态向量。

在时空网络节点(i,t)的基础上增加状态维度w,得到时空状态网络的节点(i,t,w),表示车辆t时刻在节点i处的状态是w。(i,j,t,t',w,w')表示连接两个时空状态节点(i,t,w)和(j,t',w')的时空状态弧,表示车辆t时刻从节点i出发,t'时刻到达节点j,状态由w变为w'。在图 3-2 时空网络的基础上增加状态轴,如图 3-3 所示,带有箭头的实线表示时空状态弧,可以呈现车辆在行驶过程中时空状态轨迹的变化;带有箭头的虚线表示时空状态弧在时空平面上的投影,与图 3-2 呈现的时空路径相同。

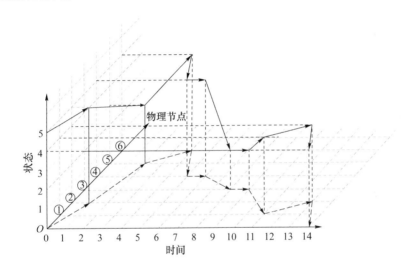

图 3-3 时空状态网络示意图

由于本书研究复杂场景策略下的电动物流车辆路径优化问题,所以需要考虑车辆承载能力、充耗电过程、充电站承载容量、客户服务时间窗等约束。既有基于物理网络建模的研究需要设置时间、空间、载货状态、电量状态等多种变量,并建立大量耦合约束条件以描述变量之间的相互关系,因此模型结构较为复杂。本书采用时空状态网络的建模方法,构建基于时空状态弧变量的 0-1 整数规划模型,可以简化模型结构,降低问题的求解难度。

由于电动物流车辆路径决策受车辆承载能力和充耗电过程的影响,本书进一步把状态维度扩展为状态向量$[s,e]$,其中s表示车辆的累积载货状态,e表示车辆的电池剩余电量状态。时空状态点(i,t,s,e)表示t时刻电动车辆在节点i的累积载货量是s,剩余电量是e。(i,j,t,t',s,s',e,e')表示连接两个时空状态节点(i,t,s,e)和(j,t',s',e')的时空状态弧,可以表示电动车辆t时刻从节点i出发,t'时刻到达节点j,载货状态由s变为s',电量状态由e变为e'。因此,扩展的时空状态网络可以清晰地描述电动车辆行驶路径、车辆载货量以及电池电量的变化。基于该框架,可以在时间、空间和状态维度上对电动物流车辆的行驶路径、取送货过程和充电策略进行同步优化。

在时空状态网络的构建过程中,状态维度的离散化方式与3.1.2小节中时间维度的离散方式类似。例如,假设车辆v的最大承载能力是cap_v,把车辆载货状态按间隔θ离散为n个状态值,可以得到离散的载货状态值$0,\theta,2\theta,\cdots,(n-1)\theta$,且$cap_v=(n-1)\theta$,因此要保证车辆最大承载能力$cap_v$能被$\theta$整除。同理,可以对电池的电量状态进行离散化。

在传统VRP问题建模过程中,每个客户由一个节点来表示,配送中心节点和客户节点之间全连通,车辆可以从任何一个节点行驶到另一个节点。这种基于客户点的网络虽然能够方便VRP问题的建模和求解,但是无法考虑实际的路网拓扑结构,不能反映路网交通状态信息,只能得到车辆访问客户点顺序的路径优化方案[209]。本书考虑了路网拓扑结构的影响,在后续电动车辆路径问题的研究过程中,提取路网拓扑结构中的关键位置点,并把配送中心、充电站和路网关键位置点都设为配送网络的节点。路网上的路段可以由对应节点之间的有向弧来表示,弧权重表示路段的出行时间或出行成本,进而可以反映实际路网的交通状态。

网络维度的增加会导致变量数量增多,问题规模扩大,因此需要设置合适的时间和状态离散精度来平衡模型的精确性和计算效率。为了进一步缩减算法的搜索空间,本书通过在时空状态网络的构建阶段把时间、空间和状态维度上相关的约束,包括客户服务时间窗约束、车辆承载能力约束、电池容量约束等嵌入求解算法,提前剔除了不可行的时空状态弧,保证了算法的求解效率。

3.2 求解方法

本书运用时空状态网络的表示框架对电动物流车辆路径优化问题进行建模,

虽然能减少决策变量的种类,简化模型结构,但由于维度的离散化,变量数量增大,给问题的求解带来较大的挑战。常用的元启发式算法计算效率高,但难以评估解的质量。本书针对电动物流车辆路径问题的特征和模型结构,运用对偶分解算法,把复杂的原始问题分解为容易求解的子问题,保证了算法的求解效率。本节重点介绍后续章节涉及的拉格朗日松弛法、增广拉格朗日乘子法以及交替方向乘子法3种对偶分解方法,并分析不同方法之间的区别和联系。

3.2.1 拉格朗日松弛法

法国数学家约瑟夫·路易斯·拉格朗日(Joseph-Louis Lagrange)提出的拉格朗日乘子法(Lagrange Multipliers)是一种寻找多元函数的变量在一组或几组约束下的极值的方法。1955年,Lorie和Savage[219]首次将拉格朗日乘子法引入离散优化问题的目标函数。Held和Karp[220,221]将拉格朗日乘子法应用到求解旅行商问题,并提出了拉格朗日松弛法。1974年,Geoffrion[222]正式定义了拉格朗日松弛法(Lagrangian Relaxation,LR)。

拉格朗日松弛法自提出以来被应用到调度、选址、路径优化等诸多领域。Fisher[223]基于拉格朗日松弛法设计了一种求解资源约束网络调度问题的算法。随后,Fisher[224]提出了拉格朗日松弛法的基本框架,并总结了拉格朗日松弛法在求解各领域整数规划问题时的应用。Geoffrion和Bride[225]采用拉格朗日松弛法对具有任意附加约束的有容量限制的设施选址问题进行了求解。Yang和Zhou[226]基于时空网络框架研究了动态随机交通网络下的路径规划问题,采用拉格朗日松弛模型将该问题分解为一系列最小成本路径子问题。赵蒙[227]针对电动汽车分时租赁系统,基于时空网络构建了调度员派遣、车辆调度以及人员-车辆协同优化模型,并设计了基于拉格朗日松弛理论的高性能优化算法,该算法适用于求解大规模网络优化问题。

在拉格朗日松弛法的算法框架中,通过引入拉格朗日乘子,把模型的难约束条件松弛到目标函数中,并使目标函数保持线性,进而可以把原始复杂问题分解为一系列相互独立且容易求解的子问题。以整数规划问题为例,介绍拉格朗日松弛法,具体如下。

$$Z = \min \boldsymbol{c}^\mathrm{T}\boldsymbol{x} \tag{3-17}$$

$$\text{s. t.} \quad \boldsymbol{Ax} = \boldsymbol{b} \tag{3-18}$$

$$\boldsymbol{Bx} \leqslant \boldsymbol{d} \tag{3-19}$$

$$\boldsymbol{x} \in \boldsymbol{Z}_+^n \tag{3-20}$$

其中 $\boldsymbol{c}$ 为 n 维列向量，决策变量 $\boldsymbol{x}$ 为 n 维列向量，$\boldsymbol{A}$ 为 $m \times n$ 的矩阵，$\boldsymbol{b}$ 为 m 维列向量，$\boldsymbol{Z}_+^n$ 表示非负整数集合。若在该问题中，$\boldsymbol{Ax} = \boldsymbol{b}$ 为较复杂的约束条件，$\boldsymbol{Bx} \leqslant \boldsymbol{d}$ 为较简单的约束条件，则经过拉格朗日松弛法可将该整数规划问题转变为如下形式：

$$Z = \min \boldsymbol{c}^\mathrm{T}\boldsymbol{x} + \boldsymbol{\lambda}^\mathrm{T}(\boldsymbol{Ax} - \boldsymbol{b}) \tag{3-21}$$

$$\text{s. t.} \quad \boldsymbol{Bx} \leqslant \boldsymbol{d} \tag{3-22}$$

$$\boldsymbol{x} \in \boldsymbol{Z}_+^n \tag{3-23}$$

在原目标函数的基础上增加了一个线性惩罚项 $\boldsymbol{\lambda}^\mathrm{T}(\boldsymbol{Ax} - \boldsymbol{b})$，得到的拉格朗日松弛模型可以被分解成多个独立且易求解的子问题。该方法在路径优化问题求解过程中得到广泛应用，可以与并行计算技术相结合，加快大规模问题的求解速度。Kohl 和 Madsen[228] 运用拉格朗日松弛法求解了带时间窗的车辆路径问题，并用次梯度法和捆绑法寻找了最优乘子。Imai 等[229] 提出了一种基于拉格朗日松弛法的次梯度启发式算法来求解集装箱满载车辆路径问题。Zhou 和 Lee[230] 研究了绿色车辆路径问题，运用拉格朗日松弛法求解了非线性整数规划问题。

以 3.1.1 小节中构造 VRPTW 问题模型为例，采用拉格朗日松弛法，将难约束条件[式(3-2)]松弛到目标函数中，转化成更易求解的拉格朗日松弛模型，如式(3-24)所示，其中 λ_j 是拉格朗日乘子。由于难约束条件[式(3-2)]被松弛，车辆之间的耦合关系被解除，拉格朗日松弛模型可以进一步被分解为更容易求解的考虑时间窗和容量约束的最短路径子问题。

$$Z_{\mathrm{LR}}(\boldsymbol{\lambda}) = \min \sum_{k \in V} \sum_{i \in N} \sum_{j \in N} (c_{ij} - \lambda_j) x_{ijk} + \sum_{j \in N'} \lambda_j \tag{3-24}$$

s. t. 式(3-3),式(3-4),式(3-5),式(3-6),式(3-7),式(3-8),式(3-9)

任意拉格朗日乘子 $\boldsymbol{\lambda}$ 对应的 $Z_{\mathrm{LR}}(\boldsymbol{\lambda})$ 均为原问题的下界，即 $Z_{\mathrm{LR}}(\boldsymbol{\lambda}) \leqslant Z^{[228]}$。构建拉格朗日松弛模型的对偶问题，如式(3-25)所示。不断更新拉格朗日乘子 $\boldsymbol{\lambda}$，使 $Z_{\mathrm{LR}}(\boldsymbol{\lambda})$ 值达到最大。

$$Z_{\mathrm{LD}}(\boldsymbol{\lambda}) = \max Z_{\mathrm{LR}}(\boldsymbol{\lambda})$$
$$= \max(\min \sum_{k \in V} \sum_{i \in N} \sum_{j \in N} (c_{ij} - \lambda_j) x_{ijk} + \sum_{j \in N'} \lambda_j) \quad (3-25)$$

在拉格朗日松弛法的对偶分解算法框架下,当且仅当拉格朗日乘子 $\boldsymbol{\lambda}$ 对应的一组最短路径能够恰好覆盖每个客户一次,才能找到可行的最优解[228]。值得注意的是,在基于拉格朗日松弛法的分解算法框架下,每辆车对应的子问题具备相同的拉格朗日乘子和运输成本,导致同质车辆会执行相同的任务(即对称性问题),会影响算法的效率[231]。

3.2.2 增广拉格朗日乘子法

增广拉格朗日乘子法(Augmented Lagrangian Multipliers,ALM)在拉格朗日松弛法的基础上,在对偶问题的目标函数中增加一个二次惩罚项,放松对目标函数严格凸的假设,能够解决拉格朗日松弛算法存在的对称性问题,因此具备较好的稳定性。

以 3.2.1 小节的整数规划问题为例,把等式约束松弛到原问题的目标函数中,在拉格朗日松弛模型的目标函数[式(3-21)]上增加了一个二次惩罚项 $\frac{\rho}{2}\|\boldsymbol{Ax}-\boldsymbol{b}\|_2^2$,得到增广拉格朗日模型的目标函数,如式(3-26)所示,其中 $\boldsymbol{\lambda}$ 是拉格朗日乘子,ρ 是惩罚系数。

$$L_\rho(\boldsymbol{x},\boldsymbol{\lambda}) = \min \boldsymbol{c}^\top \boldsymbol{x} + \boldsymbol{\lambda}^\top(\boldsymbol{Ax}-\boldsymbol{b}) + \frac{\rho}{2}\|\boldsymbol{Ax}-\boldsymbol{b}\|_2^2 \quad (3-26)$$

增广拉格朗日乘子法的迭代方式如式(3-27)和式(3-28)所示,使用惩罚参数 ρ 作为乘子的更新步长。

$$\boldsymbol{x}^{k+1} := \arg\min_{\boldsymbol{x}} L_\rho(\boldsymbol{x},\boldsymbol{\lambda}^k) \quad (3-27)$$
$$\boldsymbol{\lambda}^{k+1} := \boldsymbol{\lambda}^k + \rho(\boldsymbol{Ax}^{k+1}-\boldsymbol{b}) \quad (3-28)$$

在基于增广拉格朗日乘子法构建的模型中,由于二次惩罚项的引入使不同的变量之间耦合,目标函数 L_ρ 难以分解,因此无法对每个变量 x_i 并行优化更新[232]。

3.2.3 交替方向乘子法

交替方向乘子法(Alternate Direction Multiplier Method,ADMM)也是一种

对偶分解方法,从形式上可视为增广拉格朗日松弛分解算法和块坐标下降法(Block Coordinate Descent,BCD)的结合,交替方向乘子法可以把大规模问题分解为多个较小且易求解的子问题,按给定的顺序,以交替最小化的方式对子问题进行迭代求解,适用于大规模分布式优化问题,广泛用于大数据、机器学习等领域[232]。交替方向乘子法不仅具备拉格朗日松弛法的可分解性,还能破除其对称性,具备更强的稳定性[209]。

近年来,交替方向乘子法开始被用于解决交通运输领域的优化问题。Yao等[233]首次将交替方向乘子法应用于车辆路径问题的求解,可以解决拉格朗日乘子法的对称性问题和增广拉格朗日松弛模型难以分解的问题。Zhang等[234]基于扩展的时空网络对周期列车时刻表问题进行建模,设计了一种基于交替方向乘子法的求解算法。Chen等[235]基于时空网络建立集装箱码头门吊与自动导航车协同调度模型,设计了基于交替方向乘子法的分解框架,将原始问题分解为针对起重机和搬运车的子问题。

以文献[232]中含两个变量块(2-block)的优化问题为示例,介绍标准的交替方向乘子法,如式(3-29)所示,其中 $f(x)$ 和 $g(y)$ 是两个凸函数,$x\in \mathbf{R}^n$,$y\in \mathbf{R}^m$,$A\in \mathbf{R}^{p\times n}$,$B\in \mathbf{R}^{p\times m}$,$c\in \mathbf{R}^p$。

$$\min f(x)+g(y)$$
$$\text{s.t.} \quad Ax+By-c=0 \tag{3-29}$$

把等式约束松弛到目标函数中,构建增广拉格朗日松弛模型,得到了无约束优化问题 $L_\rho(x,y,\lambda)$,如式(3-30)所示,其中 λ 是拉格朗日乘子,ρ 是惩罚系数。在原目标函数的基础上增加了一个线性惩罚项 $\lambda^{\mathrm{T}}(Ax+By-c)$ 和一个二次惩罚项 $\frac{\rho}{2}\|Ax+By-c\|_2^2$。

$$L_\rho(x,y,\lambda)=f(x)+g(y)+\lambda^{\mathrm{T}}(Ax+By-c)+\frac{\rho}{2}\|Ax+By-c\|_2^2 \tag{3-30}$$

按给定的顺序对变量 x,y 和拉格朗日乘子 λ 进行更新,第 $k+1$ 次迭代更新如式(3-31)~式(3-33)所示。

$$x^{k+1}:=\arg\min_{x} L_\rho(x,y^k,\lambda^k) \tag{3-31}$$

$$y^{k+1}:=\arg\min_{y} L_\rho(x^{k+1},y,\lambda^k) \tag{3-32}$$

$$\lambda^{k+1} := \lambda^k + \rho(Ax^{k+1} + By^{k+1} - c) \tag{3-33}$$

如果约束条件是不等式,则需要引入松弛变量将其转换成等式约束,再按上述方法进行求解。例如,对于不等式约束 $Ax+By-c<0$,引入松弛变量 M,将其转变为等式约束,如式(3-34)所示。

$$Ax + By - c = M, \quad M < 0 \tag{3-34}$$

将变换后的约束条件松弛到目标函数中,构建增广拉格朗日松弛模型,如式(3-35)所示。按式(3-31)~式(3-33)进行迭代更新。

$$L_\rho(x, y, M, \lambda) = f(x) + g(y) + \lambda^T(Ax + By - c - M) + \frac{\rho}{2}\|Ax + By - c - M\|_2^2 \tag{3-35}$$

交替方向乘子法得到最优解的充分必要条件是同时满足原问题的可行性〔式(3-36)〕和对偶问题的可行性〔式(3-37)和式(3-38)〕[232]。

$$Ax^* + By^* - c = 0 \tag{3-36}$$

$$\nabla f(x^*) + A^T \lambda^* = 0 \tag{3-37}$$

$$\nabla g(y^*) + B^T \lambda^* = 0 \tag{3-38}$$

第 $k+1$ 次迭代,原始残差 r^{k+1} 按式(3-39)计算更新,对偶残差 s^{k+1} 按式(3-40)计算更新,详细推导过程见文献[232]。对于凸优化问题,当迭代次数 $k \to \infty$,残差 r^{k+1} 和 s^{k+1} 趋近于 0,即原始问题和对偶问题的可行性都能得到满足,交替方向乘子法能找到最优解[233]。

$$r^{k+1} = Ax^{k+1} + By^{k+1} - c \tag{3-39}$$

$$s^{k+1} = \rho A^T B(y^{k+1} - y^k) \tag{3-40}$$

上述标准交替方向乘子法的算法框架只包含两个变量模块,对于包含多个对象的优化问题,需要采用扩展的多子块交替方向乘子法(Multi-block ADMM)算法框架。以带线性等式约束的多子块凸优化问题为例,如式(3-41)所示,其中 N 为模块数量,目标函数中的每个部分,$f_1(x_1), f_2(x_2), \cdots, f_N(x_N)$ 均为凸函数。将线性约束松弛到目标函数中得到增广拉格朗日松弛模型,如式(3-42)所示。惩罚参数 ρ 值的大小影响算法的计算效率。

$$\begin{aligned} \min \quad & f_1(x_1) + f_2(x_2) + \cdots + f_N(x_N) \\ \text{s.t.} \quad & A_1 x_1 + A_2 x_2 + \cdots + A_N x_N - c = 0 \end{aligned} \tag{3-41}$$

$$L_\rho(\boldsymbol{x}_1,\cdots,\boldsymbol{x}_N,\boldsymbol{\lambda}) = \sum_{i=1}^{N} f_i(\boldsymbol{x}_i) + \boldsymbol{\lambda}^{\mathrm{T}}(\sum_{i=1}^{N}\boldsymbol{A}_i\boldsymbol{x}_i - \boldsymbol{c}) +$$
$$\frac{\rho}{2}\left\|\sum_{i=1}^{N}\boldsymbol{A}_i\boldsymbol{x}_i - \boldsymbol{c}\right\|_2^2 \tag{3-42}$$

变量 $\boldsymbol{x}_1,\cdots,\boldsymbol{x}_N$ 以及拉格朗日乘子 $\boldsymbol{\lambda}$ 将在块坐标下降的迭代框架下按式 (3-43) 以交替的方式依次更新。

$$\begin{cases} \boldsymbol{x}_1^{k+1} := \underset{\boldsymbol{x}_1 \in \boldsymbol{X}_1}{\arg\min} L_\rho(\boldsymbol{x}_1,\boldsymbol{x}_2^k,\cdots,\boldsymbol{x}_N^k;\boldsymbol{\lambda}^k) \\ \boldsymbol{x}_2^{k+1} := \underset{\boldsymbol{x}_2 \in \boldsymbol{X}_2}{\arg\min} L_\rho(\boldsymbol{x}_1^{k+1},\boldsymbol{x}_2,\cdots,\boldsymbol{x}_N^k;\boldsymbol{\lambda}^k) \\ \vdots \\ \boldsymbol{x}_N^{k+1} := \underset{\boldsymbol{x}_n \in \boldsymbol{X}_N}{\arg\min} L_\rho(\boldsymbol{x}_1^{k+1},\boldsymbol{x}_2^{k+1},\cdots,\boldsymbol{x}_{N-1}^{k+1},\boldsymbol{x}_N;\boldsymbol{\lambda}^k) \\ \boldsymbol{\lambda}^{k+1} := \boldsymbol{\lambda}^k + \rho(\sum_{i=1}^{N}\boldsymbol{A}_i\boldsymbol{x}_i^{k+1} - \boldsymbol{c}) \end{cases} \tag{3-43}$$

本书研究的电动车辆路径问题包含多个车辆对象，因此采用扩展的多子块交替方向乘子法的算法框架，将多车辆路径问题分解为一系列单辆车的最短路径子问题。在 ADMM 算法框架下，以交替迭代的方式对子问题进行求解。当求解某辆车对应的最短路径子问题时，需要暂时固定其他车辆的路径方案。如图 3-4 所示，假设共有 n 辆电动车，每辆车的变量对应一个子块（Block），在第 k 次迭代结束后，进行第 $k+1$ 次迭代，当求解第 i 辆电动车 v_i 对应的子问题时，其他车辆的路径方案暂时保持不变，其中车辆 $v_{i+1},v_{i+2},\cdots,v_n$ 保持第 k 次迭代得到的路径方案，而车辆 $v_1,v_2,\cdots,v_{i-1}$ 保持的是第 $k+1$ 次迭代得到的路径方案。

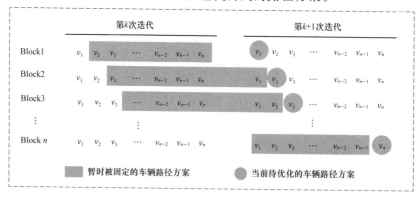

图 3-4 ADMM 算法的迭代过程示意图

此外，学者们对交替方向乘子法求解整数规划问题的收敛性进行了讨论。运用交替方向乘子法求解变量模块数量大于 2 的最小凸优化问题，不能保证算法的收敛性[236]。运用交替方向乘子法求解非凸问题时，收敛性难以得到保证[232]。本书所研究的电动车辆路径问题是非凸整数规划问题，并且变量块数量大于 2，因此采用基于交替方向乘子法的求解框架，不能保证算法的收敛性。

本书在设计求解算法时，通过每次迭代计算最优上界和最优下界之间的相对差距，即最优间隙值（Optimality gap），可以对解的质量进行评估。通过在实验过程中调节惩罚参数 ρ 值的大小，对算法进行调试，确定其合适的取值，可以保证获得可行解的速率。

3.3 本章小结

本章介绍了不同的网络模型框架，包括物理网络、离散时空网络和时空状态网络。为了简化电动物流车辆路径优化问题的模型，本书基于扩展的时空状态网络进行建模，把状态维度扩展为可以同时描述电动车辆的累积载货状态和剩余电量状态的状态向量。以简单的整数规划问题为例，分析了拉格朗日松弛法、增广拉格朗日乘子法和交替方向乘子法的基本原理及相互之间的关系，并重点分析了运用多子块交替方向乘子法求解路径优化问题的迭代框架。本章提出的建模框架和求解算法为后续研究不同复杂场景下的电动物流车辆路径优化问题奠定了理论基础。

第4章　考虑充电策略的电动物流车辆路径优化问题研究

上一章介绍了物流车辆路径问题的不同网络建模框架及求解方法。本章针对电动物流车辆续航里程有限与充电基础设施不足的问题，综合考虑电池容量、车辆承载能力、充电站承载容量、客户服务时间窗、路网空间结构等约束，研究考虑充电策略的电动物流车辆路径优化问题(Electric Vehicle Routing Problem with Time Window and Recharging Strategy，EVRPTW-RS)。从充电站的选择和单次充电量两个方面定义问题的充电策略，基于离散时空状态网络，建立多商品网络流优化模型，在时间、空间和状态维度上对电动物流车辆路径以及充电策略实现同步优化。

本章4.1节提出了考虑充电策略的电动物流车辆路径优化问题(EVRPTW-RS)；4.2节介绍了基于物理网络建立的 EVRPTW-RS 模型；4.3节运用时空状态网络对4.2节的模型进行重构，建立了多商品网络流优化模型；4.4节进一步提出了基于交替方向乘子法的分解算法框架；4.5节基于 Sioux Falls 网络构建测试算例，验证了算法的有效性，并对充电速率和充电站参数对于优化方案的影响进行了分析；4.6节总结了本章的主要研究内容和研究意义。

4.1　问题提出

学者们在经典车辆路径问题的基础上，考虑充耗电过程、电池容量等限制条件，提出了电动物流车辆路径优化问题。该问题通常假设电动物流车辆从配送中心出发，在满足车辆承载能力和客户服务时间窗限制的情况下，依次访问客户。电动车辆在行驶的过程中电量会不断降低，受电池容量限制，中途剩余电量可能不足以支撑其完成余下的配送任务,需要去充电站补充电量,才能继续访问下一个客户,直至服务完所有客户,再返回配送中心[237]。

本章全面考虑了电池容量、车辆承载能力、充电站承载容量、客户服务时间窗、路网空间结构等,以研究 EVRPTW-RS 问题,对电动物流车辆的行驶路径、充电站选择及充电时间进行优化[238]。

4.2 基于物理网络构建的模型

目前学者们主要采用经典物理网络的框架对 EVRPTW-RS 问题进行建模。以 Schneider 等[132] 2014 年发表的关于电动车辆路径问题的研究为例,分析其模型结构。设 $V=\{1,\cdots,N\}$ 表示所有客户节点集合;$\{0,N+1\}$ 表示配送中心,两个节点位置相同,每辆电动车都从节点 0 出发,完成其所有服务后返回配送中心节点 $N+1$;F' 表示所有充电站位置节点集合 F 和充电站虚拟节点的集合;F'_0 表示所有充电站、虚拟充电站和配送中心的出发节点的集合,即 $F'_0=F'\cup\{0\}$;V_0 表示所有客户节点和配送中心的出发节点的集合,即 $V_0=V\cup\{0\}$;V' 表示所有客户节点和充电站及其虚拟节点的集合,即 $V'=V\cup F'$;V'_0 表示所有客户节点、充电站及其虚拟节点和配送中心的出发节点的集合,即 $V'_0=V'\cup\{0\}$;V'_{N+1} 表示所有客户节点、充电站及其虚拟节点和配送中心的返回节点的集合,即 $V'_{N+1}=V'\cup\{N+1\}$;$V'_{0,N+1}$ 表示所有客户节点、充电站及其虚拟节点、配送中心的出发节点和返回节点的集合,即 $V'_{0,N+1}=V'\cup\{0\}\cup\{N+1\}$;$d_{ij}$ 表示节点 i 和 j 之间的距离;t_{ij} 表示节点 i 和 j 之间的行驶时间;C 表示电动车辆的承载能力;g 表示充电速率;h 表示耗电速率;Q 表示电池容量;q_i 表示节点 i 的需求量,若节点 i 不是客户点,则需求量为 0;e_i 表示节点 i 的最早服务时间;l_i 表示节点 i 的最晚服务时间;s_i 表示车辆在节点 i 的服务时长,节点 0 和节点 $N+1$ 的服务时长为 0。

该模型有 4 类决策变量,分别是:τ_i 表示车辆到达节点 i 的时间;u_i 表示车辆到达节点 i 时的载重量;y_i 表示车辆到达节点 i 时的剩余电量;x_{ij} 表示车辆是否经过弧 (i,j) 的 0-1 变量,即若车辆经过弧 (i,j),则 $x_{ij}=1$,否则 $x_{ij}=0$。在经典物理网络的建模框架下,构建混合整数规划模型,具体如下。

$$\min \sum_{i \in V'_0, j \in V'_{N+1}, i \neq j} d_{ij} x_{ij} \quad (4\text{-}1)$$

$$\sum_{j \in V'_{N+1}, i \neq j} x_{ij} = 1, \quad \forall i \in V \quad (4\text{-}2)$$

$$\sum_{j \in V'_{N+1}, i \neq j} x_{ij} \leqslant 1, \quad \forall i \in F' \quad (4\text{-}3)$$

$$\sum_{i \in V'_{N+1}, i \neq j} x_{ji} - \sum_{i \in V'_0, i \neq j} x_{ij} = 0, \quad \forall j \in V' \quad (4\text{-}4)$$

$$\tau_i + (t_{ij} + s_i) x_{ij} - l_0 (1 - x_{ij}) \leqslant \tau_j, \quad \forall i \in V_0, \forall j \in V'_{N+1}, i \neq j \quad (4\text{-}5)$$

$$\tau_i + t_{ij} x_{ij} + g(Q - y_i) - (l_0 + gQ)(1 - x_{ij}) \leqslant \tau_j,$$
$$\forall i \in F', \forall j \in V'_{N+1}, i \neq j \quad (4\text{-}6)$$

$$e_j \leqslant \tau_j \leqslant l_j, \quad \forall j \in V'_{0,N+1} \quad (4\text{-}7)$$

$$0 \leqslant u_j \leqslant u_i - q_i x_{ij} + C(1 - x_{ij}), \quad \forall i \in V'_0, \forall j \in V'_{N+1}, i \neq j \quad (4\text{-}8)$$

$$0 \leqslant u_0 \leqslant C \quad (4\text{-}9)$$

$$0 \leqslant y_j \leqslant y_i - (h \cdot d_{ij}) x_{ij} + Q(1 - x_{ij}), \quad \forall i \in V, \forall j \in V'_{N+1}, i \neq j \quad (4\text{-}10)$$

$$0 \leqslant y_j \leqslant Q - (h \cdot d_{ij}) x_{ij}, \quad \forall i \in F'_0, \forall j \in V'_{N+1}, i \neq j \quad (4\text{-}11)$$

$$x_{ij} \in \{0, 1\}, \quad \forall i \in V'_0, \forall j \in V'_{N+1}, i \neq j \quad (4\text{-}12)$$

其中,式(4-1)为目标函数,表示最小化所有车辆总配送距离;式(4-2)表示每个客户恰好被一辆电动车服务一次;式(4-3)表示每辆电动车最多只能访问一次相同的充电站;式(4-4)是流平衡约束,保证到达和离开同一节点的弧的数目相等;式(4-5)保证车辆离开配送中心和客户节点后的时间可行性;式(4-6)保证车辆离开充电站后的时间可行性;式(4-7)表示车辆必须在规定的时间窗内访问每个节点;式(4-8)和式(4-9)保证车辆到达任意节点的载货量都是非负的;式(4-10)表示车辆离开客户节点后的电量约束;式(4-11)表示车辆离开充电站或配送中心后的电量约束;式(4-12)表示0-1变量约束。

上述模型研究的是考虑完全充电策略的电动物流车辆路径问题,车辆每次充电后都达到满电状态Q,每次在充电站$i \in F'$需要补充的电量为$Q - y_i$。实际上,从单次补充电量的角度,充电策略可以分为部分充电策略和完全充电策略。为了降低电动物流车辆配送途中的充电时间,本章所研究的问题采用部分充电策略,即车辆中途只需补充支撑其完成剩余配送任务的部分电量,以减少不必要的充电等待时间。Keskin 和 Çatay[143]运用物理网络的建模框架,对考虑部分充电策略的

EVRPTW问题进行建模,在Schneider等[132]研究的基础上增加了一类新的决策变量Y_i,表示电动车在充电站i补充电量后的电池电量状态。原模型的约束(4-11)需要转变为约束(4-13),并且新增电量约束(4-14),以保证车辆完成充电后的电量不超过电池容量。

$$0 \leq y_j \leq Y_i - (h \cdot d_{ij})x_{ij} + Q(1 - x_{ij}), \quad \forall i \in F_0', \forall j \in V_{N+1}', i \neq j \quad (4\text{-}13)$$

$$y_j \leq Y_i \leq Q, \quad \forall i \in F_0' \quad (4\text{-}14)$$

4.3 基于时空状态网络的模型重构

从4.2节的模型可以看出,由于EVRPTW-RS问题的复杂性,基于物理网络的建模方法除设置空间弧变量x_{ij}之外,还需要设置车辆到达各节点的时间变量、载货状态变量、剩余电量状态变量以及在充电站完成充电后的电量状态变量,变量种类较多,并且需要建立大量的复杂耦合约束条件以描述变量之间的相互关系,因此模型结构较为复杂。本节运用时空状态网络的建模框架,以时空状态弧为基础,对4.2节中的模型进行重构,以减少变量种类,简化模型结构,进而降低问题的求解难度。

4.3.1 问题描述

为了考虑路网的拓扑结构,本章构建的物理网络除了包含配送中心节点和充电站节点,还设有路网关键节点。已知充电站的位置和容量、客户的位置和服务时间窗限制,电动物流车辆从配送中心出发后,向客户配送货物,行驶的过程中电池电量不断降低,当电量状态接近其最小剩余电量阈值时,车辆需要选择合适的充电站补充电量。采用部分充电策略,补充的电量满足车辆能够访问余下的客户并返回配送中心即可。此外,为了进一步简化EVRPTW-RS问题,做出如下假设:

(1) 配送中心车辆充足,每辆电动车从配送中心出发,完成配送任务后返回原配送中心;

(2) 电动车辆行驶过程中耗电速率固定,即耗电量与行驶时间满足线性关系,与车辆行驶速度、载货状态和电池电量状态无关;

(3) 电动车辆在配送过程中的剩余可用电量不断降低,当电池剩余电量低于最小阈值时需补充电量,用于支持其完成剩余的取送服务,并返回配送中心;

(4) 电动车辆在充电站充电时的充电速率固定,电池的电量状态与充电时间满足线性关系;

(5) 充电站的承载容量是有限的,每辆车只能选择在有剩余充电服务能力的充电站补充电量,不考虑在充电站排队等待充电;

(6) 车辆在路网关键节点之间保持匀速行驶,不考虑道路网络交通状态的变化。

4.3.2 时空状态网络的构建

时空状态网络中任意两个相邻节点(i,t,w,e)和(j,t',w',e')之间存在一条时空状态弧(i,j,t,t',w,w',e,e'),共有4种不同类型的时空状态弧,分别是运输弧、充电弧、配送弧及等待弧。基于时空状态弧对时间、载货状态及电量状态进行更新,具体按以下方式构建时空状态网络。

(1) 对时间和状态维度进行离散化,构建时空状态点集合。

(2) 基于物理空间网络节点之间的邻接关系,增加离散的时间和状态维度,建立时空状态弧集合A,包括运输弧集合ψ_T、充电弧集合ψ_S、配送弧集合ψ_P和等待弧集合ψ_W,即$A=\psi_T \cap \psi_S \cap \psi_P \cap \psi_W$,具体如下。

添加运输弧:对于任意路段有向弧$(i,j)\in L$,$T_{i,j,t}$为t时刻经过(i,j)的运输时间,添加(i,j,t,t',w,w',e,e')到ψ_T,且满足$t'=t+T_{i,j,t}$,$w'=w$,$e'=e-\kappa_v \cdot T_{i,j,t}$,其中$\kappa_v$表示车辆$v$的耗电速率,即每个时间间隔的耗电量。

添加充电弧:对于任意充电站$s\in S$,添加$(s,s,t,t+1,w,w',e,e')$到ψ_S,且满足$w'=w$,$e'=e+\gamma_s$,其中γ_s表示充电站s的充电速率,即每个时间间隔的充电量。

添加配送弧:对于任意$p\in P$,客户p由有向弧(i_p,j_p)来定位,其配送需求为$n_p(n_p<0)$,添加(i_p,j_p,t,t',w,w',e,e')到ψ_P,且满足$t'=t+T_{i_p,j_p,t}$,$w'=w+n_p$,$e'=e-\kappa_v \cdot T_{i_p,j_p,t}$。

添加等待弧:对于任意节点$i\in N$,添加$(i,i,t,t+1,w,w',e,e')$到ψ_W,且满足$w'=w$,$e'=e$,即车辆的位置、载货状态和电量状态都保持不变。

(3) 对于任意时空状态弧 $a \in A$,设置对应的成本 c_a。

以 8 点配送网络为例,客户位于空间网络上相邻的两个节点之间(如图 4-1 所示),设电池容量 $MaxC_v = 10$,最小剩余电量阈值 $MinC_v = 2$。电动物流车辆从配送中心出发时处于满载和满电状态,为 5 位客户配送货物,当剩余电量 e 低于预设阈值 $MinC_v$ 时,电动物流车辆需要选择充电站进行充电。最优路径节点顺序是"1→2→4→5→7→3→1",剩余载货量和电量的时空变化过程如图 4-2 所示。车辆在节点 7 完成充电的过程可以用两个充电弧(7,7,4,5,3,3,2,6)和(7,7,5,6,3,3,6,10)表示。车辆完成对客户 1 的配送服务过程可以用配送弧(2,4,1,2,8,7,8,6)表示。车辆在完成客户的配送服务之后载货量和剩余电量均降低。

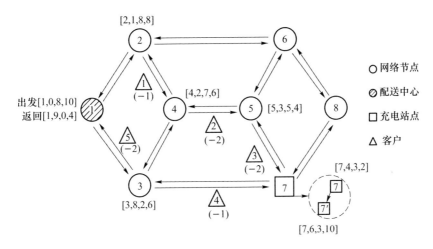

图 4-1　8 点配送网络示意图

客户服务时间窗、车辆承载能力和电池容量等实际约束条件以及时间、载货量和电量状态的更新直接嵌入时空状态网络的构建过程,缩减算法的搜索空间,保证求解效率。具体规则如下。

(1) 客户配送服务时间窗约束:车辆需要在客户 p 的服务时间窗 $[t_{e,p}, t_{l,p}]$ 内配送货物,即配送时间范围是 $t_{e,p} \leqslant t \leqslant t_{l,p}$。

(2) 车辆承载能力约束:任意车辆 v 在任意时刻 t 的剩余载货量 $w_{v,t}$ 不能超过其承载能力 cap_v,即 $0 \leqslant w_{v,t} \leqslant cap_v$。

(3) 电池容量约束:任意车辆 v 在任意时刻 t 的剩余可用电量状态 $e_{v,t}$ 不低于最小剩余电量阈值 $MinC_v$,且不超过电池容量 $MaxC_v$,即 $MinC_v \leqslant e_{v,t} \leqslant MaxC_v$。

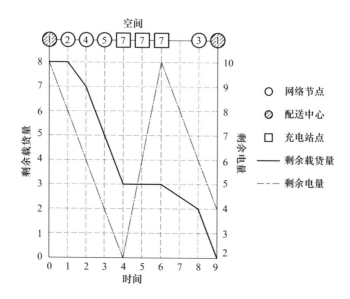

图 4-2 电动物流车辆行驶过程中的时空状态变化

(4) 时间更新规则:对于任意时空状态弧 $(i,j,t,t',w,w',e,e') \in A$,车辆经过相邻节点的时间关系满足 $t'=t+T_{i,j,t}$。

(5) 电量消耗过程:对于任意运输弧 $(i,j,t,t',w,w',e,e') \in \psi_T$,车辆经过相邻节点的能量更新规则为 $e'=e-\kappa_v \cdot T_{i,j,t}$。

(6) 充电过程:对于任意充电弧 $(i,i,t,t+1,w,w',e,e') \in \psi_S$,车辆的电量更新规则为 $e'=e+\gamma_s$。

4.3.3 多商品网络流优化模型

本小节基于时空状态网络建立 EVRPTW-RS 问题的多商品网络流优化模型,相关的建模符号说明见表 4-1。

表 4-1 EVRPTW-RS 问题建模符号说明

符号	含义
N	物理网络节点集合
L	物理网络中有向弧的集合
T	离散时间点的集合

续 表

符号	含义
W	车辆载货状态值的集合
E	电池电量状态值的集合
V	电动车辆集合
P	客户集合
S	充电站点集合
A_v	车辆 v 对应的时空状态弧集合
$\psi_{p,v}$	车辆 v 为客户 p 取送货的弧集合,$\psi_{p,v} \subseteq A_v$
$\psi_{s,v}$	车辆 v 在充电站 s 充电的弧集合,$\psi_{s,v} \subseteq A_v$
i,j,j',j''	物理网络中节点的序号,$i,j,j',j'' \in N$
(i,j)	物理网络中有向弧的序号,$(i,j) \in L$
v,v'	车辆序号,$v,v' \in V$
p	客户序号,$p \in P$
s	充电站序号,$s \in S$
t,t',t''	离散时间点的序号,$t,t',t'' \in T$
w,w',w''	剩余载货量状态值,$w,w',w'' \in W$
e,e',e''	剩余电量状态值,$e,e',e'' \in E$
$(i,t),(j,t')$	时空点序号
(i,j,t,t')	时空弧序号
$(i,t,w,e),(j,t',w',e')$	时空状态点
(i,j,t,t',w,w',e,e')	时空状态弧
o	配送中心节点
$t_{o,v}$	车辆 v 离开配送中心 o 的时间
$t_{o,v}'$	车辆 v 返回配送中心 o 的时间
$w_{o,v}$	车辆 v 离开配送中心 o 的剩余载货量
$w_{o,v}'$	车辆 v 返回配送中心 o 的剩余载货量
e_o^v	车辆 v 离开配送中心 o 的剩余电量
$e_{o,v}'$	车辆 v 返回配送中心 o 的剩余电量
$MinC_v$	车辆 v 的最小剩余电量阈值
$MaxC_v$	车辆 v 的电池容量
ξ_s	充电站 s 的承载容量,即最多可允许同时充电的车辆数量
γ_s	充电站 s 的充电速率,即每个时间间隔的充电量
κ_v	车辆 v 的耗电速率,即每个时间间隔的耗电量
cap_v	车辆 v 的最大承载能力
$[t_{e,p}, t_{l,p}]$	客户 p 的服务时间窗,其中 $t_{e,p}$ 是可以服务客户 p 的最早时间,$t_{l,p}$ 是可以服务客户 p 的最晚时间

续 表

符号	含义
$T_{i,j,t}$	t 时刻通过有向弧(i,j)需要的时间
$c_{i,j,t,t',w,w',e,e'}$	时空状态弧(i,j,t,t',w,w',e,e')的配送成本
$y^v_{i,j,t,t',w,w',e,e'}$	若车辆v经过弧(i,j,t,t',w,w',e,e')则为1,否则为0

与4.2节基于物理网络构建的模型不同,本小节在时空状态网络的建模框架下,构建基于时空状态弧变量的0-1整数规划模型,具体如下。

$$\min L = \sum_{v \in V} \sum_{(i,j,t,t',w,w',e,e') \in A_v} c_{i,j,t,t',w,w',e,e'} \times y^v_{i,j,t,t',w,w',e,e'}, \quad (4\text{-}15)$$

$$\sum_{(i,j,t,t',w,w',e,e') \in A_v} y^v_{i,j,t,t',w,w',e,e'} = 1,$$

$$\forall v \in V, i = o, t = t_{o,v}, w = w_{o,v}, e = e_{o,v} \quad (4\text{-}16)$$

$$\sum_{(i,j,t,t',w,w',e,e') \in A_v} y^v_{i,j,t,t',w,w',e,e'} = 1,$$

$$\forall v \in V, j = o, t = t'_{o,v}, w' \in W, e' \in E \quad (4\text{-}17)$$

$$\sum_{(j',t',w',e')} y^v_{i,j',t,t',w,w',e,e'} - \sum_{(j',t',w',e')} y^v_{j',i,t',t,w',w,e',e} = 0,$$

$$(i,t,w,e) \notin \{(o,t_{o,v},w^v_o,e^v_o),(o,t'_{o,v},w'^v_o,e'^v_o)\}, \forall v \in V \quad (4\text{-}18)$$

$$\sum_{v \in V} \sum_{(i,j,t,t',w,w',e,e') \in \psi_{p,v}} y^v_{i,j,t,t',w,w',e,e'} = 1, \quad \forall p \in P \quad (4\text{-}19)$$

$$\sum_{v \in V} \sum_{(s,s,t,t+1,w,w',e,e') \in \psi_{s,v}} y^v_{s,s,t,t+1,w,w',e,e'} \leqslant \xi_s, \quad \forall s \in S, \forall t \in T \quad (4\text{-}20)$$

$$y^v_{i,j,t,t',w,w',e,e'} \in \{0,1\}, \quad \forall (i,j,t,t',w,w',e,e') \in A_v, \forall v \in V \quad (4\text{-}21)$$

式(4-15)为目标函数,表示最小化总配送成本;式(4-16)~式(4-18)为流量平衡约束,保证任意车辆对应的弧能连成一条路径,其中式(4-16)保证车辆从配送中心出发,式(4-17)保证车辆最后返回配送中心,式(4-18)保证每条路径任意中间节点的输入流和输出流平衡;式(4-19)确保每个客户恰好被服务一次;式(4-20)保证每个充电站同时充电的车辆数不超过其承载容量;式(4-21)为决策变量。

为保证使用尽可能少的电动物流车辆,设置从配送中心直接返回配送中心的虚拟弧,虚拟弧的成本为0。对于无须完成配送任务的车辆,直接通过虚拟弧返回配送中心,不会进入正常的服务网络。

时空状态网络建模方法在传统物理网络上增加了时间和状态维度,可以清晰地表现车辆运行过程中时间变化、空间变化及状态转移之间的耦合关系,构建复杂场景下的网络流优化模型,适用于解决带有时间窗约束或者时变运输网络优化问题。虽然时空状态网络可以显著减少EVRPTW-RS问题的变量种类和耦合约束,简化模型结构,但是求解上述0-1整数规划模型仍然属于NP-hard,时间和状态维度的离散化导致搜索空间增大,在计算复杂度上存在较大的挑战。

4.4 求解方法

传统求解电动车辆路径优化问题的启发式算法虽然计算效率较高,可以求解大规模问题,但是难以判断解的质量。本节针对EVRPTW-RS问题的模型结构特点,基于多子块ADMM框架设计求解算法,一方面通过增加二次惩罚项来构建增广拉格朗日模型,解决拉格朗日松弛算法存在的对称性问题,另一方面在迭代的过程中通过计算最优上界和最优下界之间的间隙值(Gap)来评估解的质量。

4.4.1 模型分解

在4.3.3小节建立的数学模型中,式(4-16)、式(4-17)和式(4-18)的约束条件是针对每辆电动车$v \in V$设置的,因此不存在车辆之间的耦合关系。而式(4-19)对应的客户服务限制和式(4-20)对应的充电站承载容量限制均涉及所有的电动车辆,即车辆之间存在复杂的耦合关系。采用基于拉格朗日松弛的算法,对耦合约束条件[式(4-19)和式(4-20)]进行松弛,则可以将EVRPTW-RS问题分解为相互独立的最短路径子问题,进而降低该问题的求解难度。为使模型简洁,用a表示时空状态弧(i,j,t,t',w,w',e,e')。把式(4-19)和式(4-20)松弛到目标函数式(4-15)中,得到拉格朗日松弛模型的目标函数如式(4-22)所示。

$$\min L = \sum_{v \in V} \sum_{a \in A_v} c_a \times y_a^v + \sum_{p \in P} \lambda_p \times (\sum_{v \in V} \sum_{a \in \psi_{p,v}} y_a^v - 1) + \\ \sum_{s \in S} \sum_{t \in T} \lambda_{s,t} \times (\sum_{v \in V} \sum_{a \in \psi_{s,t}} y_a^v - \xi_s) \quad (4-22)$$

约束条件为式(4-16)~式(4-18)和式(4-21)。

由于目标函数[式(4-22)]线性可分,不同车辆对应的决策变量y_a^v取值互不影响,因此 LR 问题可以按不同的车辆分解为相互独立的子问题,其目标函数如式(4-23)所示,约束条件是式(4-16)~式(4-18)和式(4-21)。

$$\min L_v = \sum_{a \in A_v} c_a \times y_a^v + \sum_{p \in P} \sum_{a \in \psi_{p,v}} \lambda_p \times y_a^v + \sum_{s \in S} \sum_{t \in T} \sum_{a \in \psi_{s,v}} \lambda_{s,t} \times y_a^v \xi_s \quad (4\text{-}23)$$

进一步整理,可化简为式(4-24)和式(4-25)。

$$\min L_v = \sum_{a \in A_v} \widetilde{c}_a^v y_a^v + \delta \quad (4\text{-}24)$$

$$\widetilde{c}_a^v = \begin{cases} c_a + \lambda_p, & a \in \psi_{p,v} \\ c_a + \lambda_{s,t}, & a \in \psi_{s,v} \\ c_a, & \text{其他} \end{cases} \quad (4\text{-}25)$$

可以看出,LR 问题分解得到的子问题属于最短路径问题,目标函数是线性的。每次迭代求解每辆车对应的子问题之前需要按式(4-25)对时空状态弧成本 $\widetilde{c}_a^v$ 进行更新,同质车辆的弧成本是相同的,因此会存在对称性问题,影响求解效率。

本节采用基于 ADMM 的算法框架,在 LR 模型目标函数的基础上增加二次惩罚项,构建增广拉格朗日松弛(Augmented Lagrange Relaxation,ALR)模型,如式(4-26)所示,解决了拉格朗日松弛法存在的对称性问题,算法的稳定性更强。由于式(4-20)是不等式约束,其对应的二次惩罚项需要引入松弛变量 τ_a^v。

$$\min L_{\theta_p,\theta_s} = \sum_{v \in V} \sum_{a \in A_v} c_a \times y_a^v + \sum_{p \in P} \lambda_p \times \left(\sum_{v \in V} \sum_{a \in \psi_{p,v}} y_a^v - 1\right) +$$
$$\sum_{s \in S} \sum_{t \in T} \lambda_{s,t} \times \left(\sum_{v \in V} \sum_{a \in \psi_{s,v}} y_a^v - \xi_s\right) +$$
$$\frac{\theta_p}{2} \sum_{p \in P} \left(\sum_{v \in V} \sum_{a \in \psi_{p,v}} y_a^v - 1\right)^2 + \frac{\theta_s}{2} \sum_{s \in S} \sum_{t \in T} \left(\sum_{v \in V} \sum_{a \in \psi_{s,v}} y_a^v + \right.$$
$$\left. \tau_a^v - \xi_s\right)^2 \quad (4\text{-}26)$$

式(4-26)中,θ_p 和 θ_s 分别是客户服务约束和充电站承载容量约束的惩罚参数。与 LR 模型不同,二次项的引入导致 ALR 模型无法直接分解。引入两个辅助变量 α_p^v 和 $\beta_{s,t}^v$,对 ALR 模型进行线性化处理。α_p^v 表示客户 p 除车辆 v 之外被其他车辆服务的总次数,如式(4-27)所示。$\beta_{s,t}^v$ 表示除车辆 v 之外在充电站 s 充电的总车辆数,如式(4-28)所示。

$$\alpha_p^v = \sum_{v' \in V \mid \{v\}} \sum_{a \in \psi_{p,v'}} y_a^{v'}, \quad \forall p \in P \quad (4\text{-}27)$$

$$\beta_{s,t}^{v} = \sum_{v' \in V\setminus\{v\}} \sum_{a \in \psi_{s,v'}} y_a^{v'}, \quad \forall s \in S, \forall t \in T \tag{4-28}$$

车辆 v 对应的子问题目标函数如式(4-29)所示。可以看出,子问题目标函数仍然含有二次项结构,较为复杂。

$$\begin{aligned}\min L_{\theta_p,\theta_s,v} = & \sum_{a \in A_v} c_a \times y_a^v + \sum_{p \in P} \sum_{a \in \psi_{p,v}} \lambda_p y_a^v + \sum_{s \in S} \sum_{t \in T} \sum_{a \in \psi_{s,t}} \lambda_{s,t} y_a^v + \\ & \frac{\theta_p}{2} \sum_{p \in P} \Big(\sum_{a \in \psi_{p,v}} y_a^v + \alpha_p^v - 1 \Big)^2 + \\ & \frac{\theta_s}{2} \sum_{s \in S} \sum_{t \in T} \Big(\sum_{a \in \psi_{s,v}} y_a^v + \beta_{s,t}^v + \tau_a^v - \xi_s \Big)^2 \end{aligned} \tag{4-29}$$

由于 y_a^v 是 0-1 变量,二次项 $\big(\sum_{a \in \psi_{p,v}} y_a^v \big)^2$ 等价于 $\sum_{a \in \psi_{p,v}} y_a^v$,进一步化简 $\big(\sum_{a \in \psi_{p,v}} y_a^v + \alpha_p^v - 1 \big)^2$,如式(4-30)所示。

$$\begin{aligned}\Big(\sum_{a \in \psi_{p,v}} y_a^v + \alpha_p^v - 1 \Big)^2 &= \Big(\sum_{a \in \psi_{p,v}} y_a^v \Big)^2 + 2 \sum_{a \in \psi_{p,v}} y_a^v (\alpha_p^v - 1) + (\alpha_p^v - 1)^2 \\ &= \sum_{a \in \psi_{p,v}} y_a^v (2\alpha_p^v - 1) + (\alpha_p^v - 1)^2 \end{aligned} \tag{4-30}$$

由于二次项 $\big(\sum_{a \in \psi_{s,v}} y_a^v + \beta_{s,t}^v + \tau_a^v - \xi_s \big)^2$ 引入松弛变量 τ_a^v,其线性转化过程与 $\big(\sum_{a \in \psi_{p,v}} y_a^v + \alpha_p^v - 1 \big)^2$ 不同。如式(4-31)所示,当 $\sum_{v \in V} \sum_{a \in \psi_{s,v}} y_a^v > \xi_s$ 时,不满足式(4-20),则 $\tau_a^v = 0$;当 $\sum_{v \in V} \sum_{a \in \psi_{s,v}} y_a^v \leqslant \xi_s$ 时,满足式(4-20),则 $\tau_a^v = \xi_s - \sum_{v \in V} \sum_{a \in \psi_{s,v}} y_a^v$。

$$\tau_a^v = \begin{cases} 0, & \sum_{v \in V} \sum_{\psi_{s,v}} y_a^v > \xi_s \\ \xi_s - \sum_{v \in V} \sum_{a \in \psi_{s,v}} y_a^v, & \sum_{v \in V} \sum_{a \in \psi_{s,v}} y_a^v \leqslant \xi_s \end{cases} \tag{4-31}$$

由于 $\sum_{v \in V} \sum_{a \in \psi_{s,v}} y_a^v = y_a^v + \beta_{s,t}^v$,式(4-31)可以进一步转化为式(4-32)。

$$\tau_a^v = \begin{cases} 0, & \beta_{s,t}^v \geqslant \xi_s \\ \xi_s - y_a^v - \beta_{s,t}^v, & \beta_{s,t}^v < \xi_s \end{cases} \tag{4-32}$$

则二次项惩罚项 $\big(\sum_{a \in \psi_{s,v}} y_a^v + \beta_{s,t}^v + \tau_a^v - \xi_s \big)^2$ 可以转化为式(4-33)。

$$\left(\sum_{a\in\psi_{s,v}}y_a^v+\beta_{s,t}^v+\tau_a^v-\xi_s\right)^2$$

$$=\begin{cases}\sum_{a\in\psi_{s,v}}y_a^v(2\beta_{s,t}-2\xi_s+1)+(\beta_{s,t}^v-\xi_s)^2, & \beta_{s,t}^v\geqslant\xi_s\\0, & \beta_{s,t}^v<\xi_s\end{cases} \quad (4-33)$$

根据式(4-30)和式(4-33),进一步对式(4-29)中决策变量 y_a^v 的系数进行整理合并,ALR 子问题的目标函数可以化简为式(4-34)和式(4-35)。因此,运用 ADMM 的分解框架仍然可以得到单辆车的最短路径子问题。

$$\min L_{\theta_p,\theta_s,v}=\sum_{a\in A_v}\hat{c}_a^v y_a^v+\zeta \quad (4-34)$$

$$\hat{c}_a^v=\begin{cases}c_a+\lambda_p+\dfrac{\theta_p}{2}\times(2\alpha_p^v-1), & a\in\psi_{p,v}\\c_a+\lambda_{s,t}+\dfrac{\theta_s}{2}+\theta_s\times(\beta_{s,t}^v-\xi_s), & a\in\psi_{s,v},\beta_{s,t}^v\geqslant\xi_s\\c_a+\lambda_{s,t}, & a\in\psi_{s,v},\beta_{s,t}^v<\xi_s\\c_a, & \text{其他}\end{cases} \quad (4-35)$$

式中,ζ 为常数项。

4.4.2 求解算法

本章设计基于 ADMM 的算法对 EVRPTW-RS 问题进行求解。在块坐标下降的分解优化框架中,嵌入前向动态规划(Dynamic Programming,DP)算法,对 ALR 模型分解得到的最短路径子模型进行循环迭代求解。在块坐标下降框架中,变量和约束条件按车辆被分为若干个模块,针对每个模块依次最小化目标函数进行求解[239]。假设配送中心有 M 辆电动车,序号 $m=1,2,\cdots,M$,任意车辆 v_m 对应的时空状态弧变量集合设为 Y_m,M 辆电动车的时空状态弧变量总集合设为 Y。ALR 模型的目标函数如式(4-36)所示。

$$\min L_{\theta_p,\theta_s}(y) \quad (4-36)$$

式中,$y\in Y=Y_1\times Y_2\times\cdots\times Y_M\subseteq\mathbf{R}^n$,$Y_m\subseteq\mathbf{R}^{n_m}$,$\sum_{m=1}^M n_m=n$。变量 $y_1,y_2,\cdots,y_M$ 按式(4-37)依次更新。

$$\begin{cases} y_1^{k+1} = \underset{y_1 \in Y_1}{\arg\min}\, L_{\theta_p,\theta_s}(y_1, y_2^k, \cdots, y_{M-1}^k, y_M^k; \lambda_p^k, \lambda_{s,t}^k) \\ y_2^{k+1} = \underset{y_2 \in Y_2}{\arg\min}\, L_{\theta_p,\theta_s}(y_1^{k+1}, y_2, y_3^k, \cdots, y_{M-1}^k, y_M^k; \lambda_p^k, \lambda_{s,t}^k) \\ \vdots \\ y_m^{k+1} = \underset{y_m \in Y_m}{\arg\min}\, L_{\theta_p,\theta_s}(y_1^{k+1}, \cdots, y_{m-1}^{k+1}, y_m, y_{m+1}^k, \cdots, y_M^k; \lambda_p^k, \lambda_{s,t}^k) \\ \vdots \\ y_M^{k+1} = \underset{y_M \in Y_M}{\arg\min}\, L_{\theta_p,\theta_s}(y_1^{k+1}, \cdots, y_m^{k+1}, \cdots, y_{M-1}^{k+1}, y_M; \lambda_p^k, \lambda_{s,t}^k) \end{cases} \quad (4\text{-}37)$$

在第 $k+1$ 次迭代时,为了优化第 m 辆电动车的路径 y_m^{k+1},完成前 $i-1$ 辆电动车的时空状态路径优化后,更新车辆路径方案 $y_1^{k+1},\cdots,y_{m-1}^{k+1}$,后 $M-m$ 辆车的路径仍然保持第 k 次迭代的优化方案 $y_{m+1}^k,\cdots,y_M^k$。惩罚参数 θ_p 和 θ_s 是拉格朗日乘子 λ_p^{k+1} 和 $\lambda_{s,t}^{k+1}$ 的更新步长,分别如式(4-38)和式(4-39)所示。

$$\lambda_p^{k+1} = \lambda_p^k + \theta_p \Big(\sum_{v \in V} \sum_{a \in \psi_{p,v}} y_{a,i}^{k+1} - 1 \Big) \quad (4\text{-}38)$$

$$\lambda_{s,t}^{k+1} = \max\Big\{0, \lambda_{s,t}^k + \theta_s \Big(\sum_{v \in V} \sum_{a \in \psi_{s,v}} y_{a,i}^{k+1} - \xi_s \Big)\Big\} \quad (4\text{-}39)$$

针对 EVRPTW-RS 问题设计的 ADMM 算法主要包括 6 个步骤,具体如下。

Step 1:初始化。

对迭代次数 k、最优上界值 UB^*、最优下界值 LB^*、下界解 $\{x_{\text{LB}}^0\}$、上界解 $\{x_{\text{UB}}^0\}$、拉格朗日乘子 λ_p^0 和 $\lambda_{s,t}^0$、惩罚参数 θ_p 和 θ_s、时空状态弧成本 $\hat{c}_a^v$ 等参数或集合进行初始化。

Step 2:计算 ALR 模型的下界解。

Step 2.1:求解子模型。

按式(4-35)更新成本 $\hat{c}_a^v$,不考虑充电站的承载容量约束,使用 DP 算法(详见算法 4-1),按式(4-37)的迭代方式,依次优化每辆车的路径。

Step 2.2:计算下界解,更新最优下界值。

根据 Step 2.1 得到的分配方案计算下界解,规则为:若某客户被多辆车服务,则仅指派一辆车进行配送即可;若某客户没有被车辆访问过,则重新指派一辆车完成配送服务。

计算下界值 $\text{LB}^{(k)}$,并按 $\text{LB}^* = \max\{\text{LB}^*, \text{LB}^{(k)}\}$ 更新最优下界值 LB^*。

Step 3：计算 ALR 模型的上界解。

Step 3.1：求解子模型。

采用 Step 2 更新的拉格朗日乘子 $\lambda_p^k, \lambda_{s,t}^k$，考虑充电站承载容量约束，使用 DP 算法(详见算法 4-2)，同 Step 2，按式(4-35)更新成本 $\tilde{c}_a^v$，按式(4-37)依次优化每辆车的路径。

Step 3.2：计算上界解，更新最优上界值。

根据 Step 3.1 得到的车货分配方案，计算上界解，规则同 Step 2.2。

计算上界值 $UB^{(k)}$，并按 $UB^* = \min\{UB^*, UB^{(k)}\}$ 更新最优上界值 UB^*。

Step 4：评估解的质量。

按式(4-40)计算 UB^* 和 LB^* 之间的最优间隙 Gap，其值越小，解的质量越好。

$$Gap = (UB^* - LB^*)/LB^* \tag{4-40}$$

Step 5：更新拉格朗日乘子。

采用次梯度方法，按式(4-38)和式(4-39)更新拉格朗日乘子 $\lambda_p, \lambda_{s,t}$。

Step 6：结束终止条件。

若 k 到达最大迭代次数 K，终止算法，并输出 LB^*，UB^*，Gap 和最优上界解；否则，返回 Step 2，$k=k+1$，继续迭代。

计算 ALR 模型的下界解和上界解的过程中，均采用前向 DP 算法求解每辆车的最短路径子问题。求解每辆车对应的最短路径子问题之前都需要对时空状态弧成本按式(4-35)进行更新。每次迭代通过计算最优上界和最优下界之间的间隙 Gap 来评估解的质量。

Step 2.1 中计算下界解的 DP 算法如算法 4-1 所示。访问时空状态点 (i,t,w,e) 之前需要依次在时间层循环上判断时间 t 是否在时间区间 $[t_e^v, t_l^v]$ 内，在空间层循环上判断有向弧 (i,j) 是否在集合 L 内，以及在状态层循环上判断载货状态是否满足 $0 \leqslant w \leqslant cap_v$。如果在任意循环层上不满足对应的约束，则直接对其进行剪枝，无须再检查该点是否满足余下循环层上的约束，进而缩小搜索空间，保证算法的计算效率。求解任意电动车辆 $v \in V$ 对应的最短路径子问题时，需要暂时固定其他车辆的路径方案，且将其设为已知。

算法 4-1 计算下界解的 DP 算法

输入：物理网络节点集合 N 和有向弧集合 L。

输出：所有电动车辆的最短时空状态路径。

For 任意电动车辆 $v \in V$，执行：

    初始化：车辆 v 位于初始配送中心，初始时空状态点处对应的总成本设为 $L(o, t_{o,v}, w_0^v, e_0^v)$。

    For 每个时间点 $t \in [t_e^v, t_l^v]$，执行：//时间层循环

        For 每条有向弧 $(i, j) \in L$，执行：//空间层循环

            剩余电量更新为 $e' = e + \Delta e$，Δe 是电量变化量。

            For 车辆载货状态 $w \in [0, cap_v]$，执行：//状态层循环

                基于 t 时刻车辆经过弧 (i,j) 的载货状态变化量 Δw，更新下游状态 w'，即 $w' = w + \Delta w$；

                    进一步更新到达空间节点 j 的时间 t'，即 $t' = t + T_{i,j,t}$；

                If $L(i, t, w, e) + \hat{c}^v_{i,j,t,t',w,w',e,e'} \leq L(j, t', w', e')$，且 $e' \in [\text{MinC}, \text{MaxC}]$，then

                    $L(j, t', w', e') := L(i, t, w, e) + \hat{c}^v_{i,j,t,t',w,w',e,e'}$，按式 (4-35) 更新 $\hat{c}^v_{i,j,t,t',w,w',e,e'}$；

                按以下规则更新：

                时空状态点 (j, t', w', e') 的前序空间节点是 i；

                时空状态点 (j, t', w', e') 的前序时间节点是 t；

                时空状态点 (j, t', w', e') 的前序载货状态值是 w；

                时空状态点 (j, t', w', e') 的前序剩余电量值是 e；

                End if；

            End for 载货状态；

        End for 有向弧；

    End for 时间点；

    回溯得到车辆 v 的最短时空状态路径；

End for 电动车辆。

Step 3.1 中计算上界解的 DP 算法如算法 4-2 所示。与 Step 2.1 中计算下界解的 DP 算法相比，该算法需要考虑充电站承载容量约束，定义随时间变化的充电站使用状态指标 $Q(s,t)$，每次迭代要更新 $Q(s,t)$。当 t 时刻正在充电站 s 上充电的车辆达到其最大容纳能力，即 $Q(s,t) \geq \xi_s$ 时，算法不允许其他车辆再进入。其余均与 Step 2.1 中计算上界解的 DP 算法相同。

算法 4-2 计算上界解的 DP 算法

输入：物理网络节点集合 N 和有向弧集合 L。

输出：所有电动车辆的最短时空状态路径。

For 任意电动车辆 $v \in V$ 执行：

    初始化：车辆 v 位于初始配送中心，初始时空状态点处对应的总成本设为 $L(o,t_{o,v},w_o^v,e_o^v)$。

    For 每个时间点 $t \in [t_e^v, t_1^v]$，执行：//时间层循环

        For 每条有向弧 $(i,j) \in L$，执行：//空间层循环

            剩余电量更新 $e'=e+\Delta e$，Δe 是电量变化量。

            If $i=j=s \in S$，并且 t 时刻充电站 i 容纳的车辆数超过其承载容量，即 $Q(s,t) \geqslant \xi_s$；//$Q(s,t)$ 表示随时间变化的充电站 s 使用状态。

                Break；

            Else：

                For 每个车辆载货状态 $w \in [0, cap_v]$，执行：//状态层循环

                    基于 t 时刻车辆经过弧 (i,j) 载货状态变化量 Δw，更新下游状态 w'，即 $w'=w+\Delta w$；

                        进一步更新到达空间节点 j 的时间 t'，即 $t'=t+T_{i,j,t}$；

                        If $L(i,t,w,e)+\hat{c}_{i,j,t,t',w,w',e,e'}^{v} \leqslant L(j,t',w',e')$，且 $e' \in [MinC_v, MaxC_v]$，then

                            $L(j,t',w',e') := L(i,t,w,e)+\hat{c}_{i,j,t,t',w,w',e,e'}^{v}$，按式(4-35)更新 $\hat{c}_{i,j,t,t',w,w',e,e'}^{v}$；

                      按以下规则更新：

                      时空状态点 (j,t',w',e') 的前序空间节点是 i；

                      时空状态点 (j,t',w',e') 的前序时间节点是 t；

                      时空状态点 (j,t',w',e') 的前序载货状态值是 w；

                      时空状态点 (j,t',w',e') 的前序剩余电量值是 e；

                  End if；

              End for 载货状态；

            End if；

        End for 有向弧；

    End for 时间点；

    回溯得到车辆 v 的最短时空状态路径。

    For 每个充电站 $s \in S$：

        For 每个时间点 $t \in T$：

            If t 时刻车辆 v 占用充电站 s：

                更新 $Q(s,t)=Q(s,t)+1$；

续

End if;
　End for 时间点;
　　End for 充电站;
End for 电动车辆。

算法 4-1 和算法 4-2 的复杂度与电动车辆数量、有向弧数量、时间点数量和车辆承载能力有关。采用时空状态网络的建模方法需要确定合适的离散精度,若离散的时间、空间及状态精度过高,时空状态网络规模过大,会影响算法的计算效率;若离散精度设置过小,会影响模型的精确性。

时空状态网络维度较高,网络维度的扩张会导致搜索空间增大,直接枚举的效率可能会非常低。运用隐枚举思想设计的 DP 算法可以有效地缩减解空间,加快找到可行解的速率。在枚举之前判断是否满足时间、空间及状态维度上的约束,如果不满足任意维度的约束,则直接剪枝,然后继续枚举,直至找到一个满足条件的可行解,并记为当前最优的可行解,计算其目标函数值。后续迭代得到的可行解的目标函数值与当前最优值进行比较,不断提升解的质量。

4.5　算 例 分 析

本节构建 Sioux Falls 网络测试算例,测试 ADMM 算法的性能,并分析关键参数对电动车辆路径规划和充电方案的影响。算法执行的硬件环境为 Intel(R) CPU(TM) i7-7700 CPU @ 3.60 GHz,内存为 16 GB。软件环境为 Windows 10 系统,使用 Python 编写求解算法。

4.5.1　算法分析

本节基于 Sioux Falls 网络构建测试算例,Sioux Falls 网络如图 4-3 所示。与传统 VRP 问题的算例不同,为了能够考虑路网的空间结构,除了配送中心和充电站,路网上的关键位置点也被设为网络节点。该网络共有 24 个节点,其中节点 11 设为配送中心,节点 1、2、8、13、15、18、23 分别设为充电站 s_1,s_2,s_8,s_{13},s_{15},s_{18},s_{23},

其余节点是路网关键节点。节点之间的有向弧表示运输路段,有向弧右侧标记的是时间成本。电动车辆从配送中心出发时均处于满载($w_0=8$)和满电状态($e_0=30$)。充耗电过程的相关参数设置为:最小剩余电量阈值 $MinC_v=3$,电池容量 $MaxC_v=30$,充电速率 $\gamma=10$,耗电速率 $\kappa=1$,充电站承载容量 $\xi=2$。

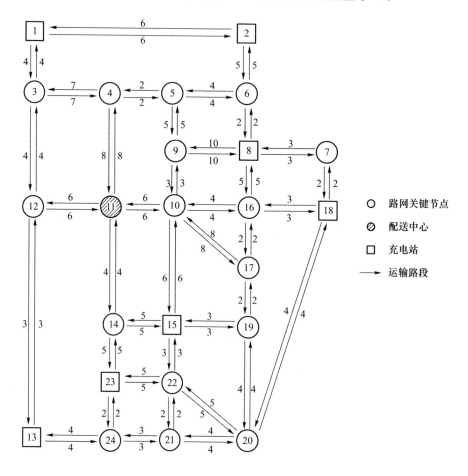

图 4-3 Sioux Falls 网络

为测试该算法求解不同规模算例的性能,设置两组实验,分别设有 24 位客户和 50 位客户,得到电动车辆和充电站的使用优化方案,见表 4-2。24 位客户的算例需使用 6 辆车和 4 个充电站(s_8,s_{13},s_{15},s_{23}),其余充电站均无车辆充电。50 位客户的算例需使用 10 辆车和 6 个充电站(s_2,s_8,s_{13},s_{15},s_{18},s_{23})。客户数量的增加需要调用更多的电动车辆完成配送任务,也会提高充电站的利用率。

表 4-2 电动车辆和充电站的使用优化方案

算例	车辆序号	充电站选择	充电量	充电时间	最终剩余电量
24 位客户	1	s_{13}	10	1	5
	2	s_8	20	2	6
	3	s_{15}	10	1	4
	4	s_{23}	10	1	4
	5	s_{15}	10	1	6
	6	s_8	10	1	3
50 位客户	1	s_8	10	1	3
	2	s_{18}	10	1	3
	3	s_{23}	10	1	4
	4	s_{13}	10	1	5
	5	s_8	20	2	6
	6	s_2	20	2	6
	7	s_{18}	20	2	9
	8	s_{15}	10	1	6
	9	s_{15}	10	1	3
	10	s_2	20	2	7

两组不同规模算例的实验结果见表 4-3,从表中可以看出,算法能够在有限的迭代次数内收敛,计算效率较高。最优上界值与最优下界值之间的 Gap 较小,表明算法能够找到质量较优的可行解。客户数量越多,服务客户需要的电动车辆越多,算法收敛需要迭代的次数越多,计算效率越低,但仍然可以较快地找到可行解。在有 24 位客户的算例中,算法迭代次数设为 100,算法每次迭代得到的最优上界和最优下界的变化如图 4-4 所示,迭代 43 次后,最优上界值、最优下界值以及两者之间的 Gap 均保持不变,算法收敛。

表 4-3 不同规模算例的实验结果

算例	收敛次数	最优上界	最优下界	Gap	CPU 计算时间/s
24 位客户	43	229	224	2.23%	50.65
50 位客户	241	402	395	1.77%	556.19

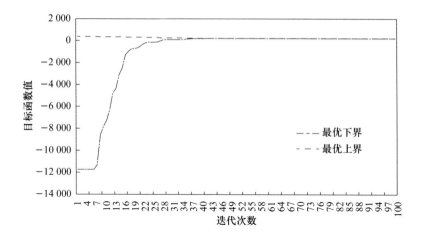

图 4-4 最优上界和最优下界的变化

4.5.2 参数分析

1. 充电速率

把有 24 位客户的算例设为基准算例,将充电速率 γ 调为 5,其余参数保持不变。算法迭代 63 次后收敛,CPU 计算时间为 79.51 s。充电速率的降低使电动车辆在充电站的充电时间变长,由于客户服务时间窗是固定的,所以车辆路径和充电优化方案整体上发生了较大变化。与基准算例($\gamma=10$)相比,总时间成本增大约 7.9%,总充电量提高约 14.3%,总充电时间显著增大,见表 4-4。

表 4-4 充电速率的影响

算例	总时间成本	总充电量	总充电时间	总剩余电量
$\gamma=10$	229	70	7	28
$\gamma=5$	247	80	16	29

2. 充电站承载容量

在基准算例的基础上,将充电站承载容量 ξ 调为 1。算法迭代 62 次后收敛,CPU 计算时间为 74.93 s。由表 4-5 可知,与基准算例($\xi=2$)相比,总时间成本有所降低,总剩余电量增加,故充电站承载容量参数也会影响车辆整体的路径规划和充电决策优化方案。

表 4-5　充电站承载容量的影响

算例	总时间成本	总充电量	总充电时间	总剩余电量
$\xi=2$	229	70	7	28
$\xi=1$	225	70	7	32

4.6　本章小结

本章综合考虑了电动物流车辆路径规划、客户配送服务需求及部分充电策略，基于离散时空状态网络，构建了多商品网络流优化模型。扩展的状态维度可同时表征车辆剩余载货量和剩余电量的时空轨迹。设计了基于 ADMM 的分布式优化算法，通过对客户服务需求和充电站承载容量约束进行拉格朗日松弛，并增加二次惩罚项，构建了增广拉格朗日模型。经过线性化处理二次目标函数，原问题被分解为多个单辆车最短路径子问题。在块坐标下降框架中嵌入前向动态规划算法，以交替最小化的方式迭代求解子问题。通过计算最优上界和最优下界之间的 Gap，评估了解的质量。基于 Sioux Falls 网络测试算例，验证了算法的时效性和可靠性，并得出以下结论。

(1) 时空状态网络建模框架可以有效减少变量类型和耦合约束，简化模型结构，在时间、空间和状态维度上同步优化车辆路径和充电决策；

(2) ALR 模型中惩罚项的引入可以解决 LR 存在的对称性问题，提高算法的计算效率，且通过最优上下界的计算可以评估解的质量。

(3) 考虑部分充电策略的电动车辆路径规划可以降低能源消耗和运营成本，实现城市电动化物流资源的时空优化配置。

第5章 考虑混合回程服务模式的电动物流车辆路径优化问题研究

上一章研究了考虑充电策略的电动物流车辆路径优化问题(EVRPTW-RS),采用部分充电策略,对车辆的配送路径、充电站的选择及充电时间进行了优化。为了避免空车返回,提高电动物流车辆的利用率,本章在上一章研究问题的基础上,提出了一个带有时间窗约束的、考虑混合回程服务模式和充电策略的电动物流车辆路径优化问题(Electric Vehicle Routing Problem with Mix Backhaul, Time Window and Recharging Strategy, EVRPMBTW-RS),以实现客户取送服务、车辆路径选择以及充电决策的同步优化,提高电动物流系统的资源利用率和运行效率,促进城市电动物流高效、低成本和可持续发展。

本章5.1节在经典VRPB问题的基础上提出了考虑混合回程服务模式的电动物流车辆路径问题,并对问题的结构进行了分析。5.2节对EVRPMBTW-RS问题进行描述,基于时空状态网络的建模框架,建立了多商品网络流优化模型。5.3节基于ADMM的框架,构建了增广拉格朗日松弛模型和拉格朗日松弛模型,并设计了求解算法。5.4节构建7点网络测试算例,对关键参数和不同服务模式的影响进行分析,构建北京亦庄路网测试算例,对比分析了ADMM和拉格朗日松弛法的求解效率,进一步验证了ADMM方法的优越性。5.5节总结了本章的主要研究内容和意义。

5.1 问题提出

带回程的车辆路径问题(Vehicle Routing Problem with Backhauls, VRPB)是VRP问题一类重要的研究分支,该问题可以把送货和取货过程结合起来,车辆在回程过程中取货,能够避免出现空车返回配送中心的现象,降低运营成本。标准的

VRPB 问题会限制配送车辆在访问完有送货需求的客户(linehaul customer)之后,才能访问有取货需求的客户(backhaul customer)。"先送后取"服务模式可以节省运输途中因取送货导致的整理车厢时间,但可能会导致车辆绕行,降低服务水平和效率。随着城市即时配送系统的快速发展,客户对上门取货服务效率有了更高的需求,"先送后取"的服务模式难以满足实际需求。有学者开始关注和研究带混合回程的车辆路径问题(Vehicle Routing Problem with Mixed Backhauls, VRPMB),在该问题中,取货客户和送货客户具备同等的服务优先度,车辆可以按混合的顺序访问有取货和送货需求的客户。

目前关于电动物流车辆路径问题的研究仅考虑客户的送货需求,而忽略了取货需求。为了进一步提高电动物流车辆的利用率,服务客户的取货和送货需求,本章研究混合回程服务模式下的电动物流车辆路径优化问题(EVRPMBTW-RS)。如图 5-1 所示,该问题主要对车辆路径和充电策略进行优化,其中车辆路径优化需要考虑客户服务时间窗、车辆承载能力等约束,确定车辆的行驶路径和客户的取送服务顺序;充电策略优化需要考虑充电站承载容量、电池最小剩余电量和电池容量限制等约束,选择合适的充电站为电动车辆补充电量,并确定每次充电的持续时长,保证能源的利用效率。

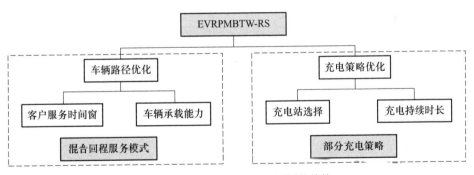

图 5-1　EVRPMBTW-RS 问题的结构

5.2　问题描述与模型构建

5.2.1　问题描述

与第 4 章研究的 EVRPTW-RS 问题的不同之处在于,本章提出的

EVRPMBTW-RS问题不仅针对客户的配送需求,还要考虑客户的取货需求。已知充电站的位置和容量、取送货客户需求和服务时间窗限制,电动物流车辆从配送中心出发后,不仅需要把货物配送到送货客户处,还要从取货客户处收回货物,取货和送货的服务顺序没有限制。车辆每次服务送货客户后,载货量降低;服务取货客户后,载货量增大。车辆的载货量始终不能超过其最大承载能力。当电池剩余电量接近其最小电量阈值时,车辆需要在充电站补充电量。为了节省在途充电时间,采用部分充电策略,每次在充电站充完电后的电量状态不能超过电池容量,满足其完成剩余的取送需求并能返回配送中心即可。解决 EVRPMBTW-RS 问题的目的在于对电动物流车辆在路网上的行驶路线和充电方案进行优化,确定取货和送货客户的服务顺序、充电站选择和充电时间[240]。此外,为了进一步简化EVRPMBTW-RS 问题,本章做出如下假设。

(1)配送中心车辆充足,每辆电动物流车从配送中心出发,完成取货和送货任务后返回原配送中心;

(2)电动物流车辆行驶过程中耗电速率固定,即耗电量与行驶时间满足线性关系,与车辆行驶速度、载货状态和电池电量状态无关;

(3)配送过程中电动物流车辆的剩余可用电量不断降低,当剩余电量低于最小阈值时需补充电量,用于支持其完成剩余的取送服务,并返回配送中心;

(4)电动物流车辆在充电站充电时的充电速率固定,电池的电量状态与充电时间满足线性关系;

(5)充电站的承载容量是有限的,每辆车只能选择在有剩余充电服务能力的充电站补充电量,不考虑在充电站排队等待充电;

(6)车辆在路网关键节点之间保持匀速行驶,不考虑道路网络交通状态的变化。

考虑混合回程服务模式的电动物流车辆配送过程如图 5-2 所示。该配送网络有两个充电站(R_1, R_2),有 5 个送货客户(P_1, P_2, P_3, P_4, P_5)和 5 个取货客户(D_1, D_2, D_3, D_4, D_5)。与 VRPB "先送再取" 的假设不同,混合回程服务模式的取货客户和送货客户没有严格的服务顺序限制。车辆 v_1 的客户访问顺序是 "$P_3 \rightarrow P_4 \rightarrow D_5 \rightarrow P_5 \rightarrow D_4$",车辆 v_2 的客户访问顺序是 "$D_2 \rightarrow P_1 \rightarrow D_1 \rightarrow P_2 \rightarrow D_3$",满足取货客户和送货客户的服务时间窗需求。此外,充电站位置分布会影响电动物流车辆的路线规划。车辆 v_1 和车辆 v_2 从配送中心离开,在行驶过程中剩余电量逐渐降低。当电池剩余电量接近最小阈值时,车辆 v_1 和车辆 v_2 分别选择在充电站 R_1 和充电站 R_2 补充电量。

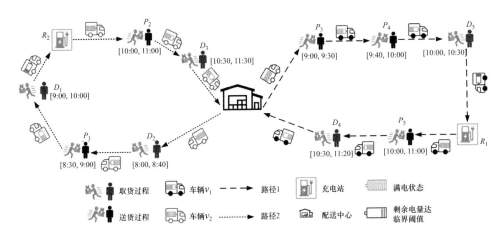

图 5-2 考虑混合回程服务模式的电动物流车辆配送过程示意图

5.2.2 时空状态网络的构建

本章基于离散的时空状态网络框架,对电动物流车辆行驶路径、取货和送货过程以及充电策略进行建模。时空状态点 (i,t,s,e) 表示 t 时刻电动物流车辆在节点 i 的累积载货量是 s,剩余电量是 e。(i,j,t,t',s,s',e,e') 表示连接两个时空状态节点 (i,t,s,e) 和 (j,t',s',e') 的时空状态弧。EVRPMBTW-RS 问题对应的时空状态网络共有 5 种不同类型的时空状态弧,分别是运输弧、充电弧、取货弧、送货弧及等待弧。具体按以下方式构建时空状态网络。

(1) 对时间维度和状态维度进行离散化,构建时空状态点集合。

(2) 基于物理空间网络节点之间的邻接关系,增加离散的时间维度和状态维度,建立时空状态弧集合 A,包括运输弧 Ψ_T、充电弧 Ψ_R、取货弧 Ψ_P、送货弧 Ψ_D 及等待弧 Ψ_W,即 $A = \Psi_T \cap \Psi_R \cap \Psi_P \cap \Psi_D \cap \Psi_W$,具体如下。

添加运输弧:对于任意路段有向弧 $(i,j) \in L$,$T_{i,j,t}$ 为 t 时刻经过 (i,j) 的运输时间,添加 (i,j,t,t',s,s',e,e') 到 Ψ_T,且满足 $t'=t+T_{i,j,t}$,$s'=s$,$e'=e-\kappa_v \cdot T_{i,j,t}$,其中 κ_v 表示车辆 v 的耗电速率,即每个时间间隔的耗电量。

添加充电弧：对于任意充电站 $r \in R$，添加 $(r,r,t,t+1,s,s',e,e')$ 到 Ψ_R，且满足 $s'=s, e'=e+\gamma_r$，其中 γ_r 表示充电站 r 的充电速率，即每个时间间隔的充电量。

添加取货弧和送货弧：对于任意客户 $c \in C$，客户 c 由有向弧 (i_c, j_c) 来定位，其配送需求为 n_c。若客户 c 是取货客户，$n_c > 0$，添加 $(i_c, j_c, t, t', s, s', e, e')$ 到 Ψ_P；若客户 c 是送货客户，$n_c < 0$，添加 $(i_c, j_c, t, t', s, s', e, e')$ 到 Ψ_D。满足：$t' = t + T_{i_c, j_c, t}, s' = s + n_c, e' = e - \kappa_v \cdot T_{i_c, j_c, t}$。

添加等待弧：对于任意 $i \in N$，添加 $(i,i,t,t+1,s,s',e,e')$ 到 Ψ_W，且满足 $s'=s, e'=e$，即电动物流车辆的位置、载货状态和电量状态都保持不变。

（3）对于任意时空状态弧 $a \in A$，设置对应的成本 c_a。

以图 5-3 的配送网络为例，车辆在 $t=0$ 时从配送中心 O 出发，有 5 件货物需要配送，电量状态为 10，初始时空状态点为 $(O,0,5,10)$，需要服务两个送货客户和两个取货客户，并在充电站点 3 补充电量，最终带 4 件回程货物返回配送中心，剩余电量状态为 3，结束时空状态点为 $(O,14,4,3)$。车辆在路网上的行驶路线是"$O \to 2 \to 5 \to 6 \to 4 \to 3 \to 1 \to 2 \to O$"。对应的累积载货量和剩余电量的时空变化过程分别如图 5-4(a) 和 5-4(b) 所示，可以看出累积载货状态维度可以描述由取货和送货导致的货物装载状态变化过程，剩余电量状态维度可以描述电池的充电和耗电过程。

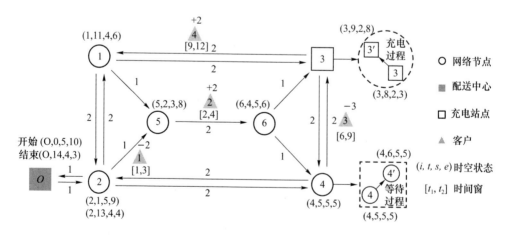

图 5-3　电动物流车辆配送过程示意图

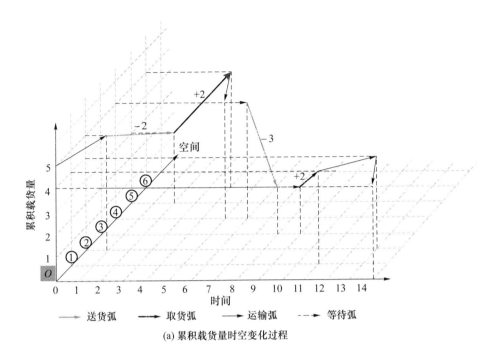

(a) 累积载货量时空变化过程

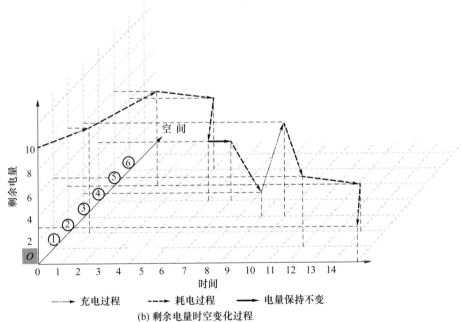

(b) 剩余电量时空变化过程

图 5-4 电动物流车辆状态时空变化过程示意图

在传统物理网络建模框架中,需要考虑服务时间窗、车辆承载能力和电池容量等约束。基于时空状态网络的建模方法可以直接将这些约束嵌入到求解算法中,提前剔除不可行的时空状态弧,可以有效地减少搜索空间,保证算法的求解效率。本节定义了算法搜索空间缩减规则,如果不满足其中任意一个规则,则提前剔除该时空状态弧,具体规则如下。

(1) 客户服务时间窗:配送服务时间 t 必须在客户 c 的服务时间窗 $[t_e^c, t_l^c]$ 内,即 $t_e^c \leqslant t \leqslant t_l^c$。

(2) 车辆承载能力:车辆累积载货状态 s 不能超过其承载能力 cap_v,即 $0 \leqslant s \leqslant \mathrm{cap}_v$。

(3) 电池容量:车辆剩余电量状态 e 不低于最小剩余电量阈值 MinC_v,且不超过电池容量 MaxC_v,即 $\mathrm{MinC}_v \leqslant e \leqslant \mathrm{MaxC}_v$。

(4) 取货需求量:车辆经过取货弧,累积载货量增大,即 $s \leqslant s'$,且增量不超过取货需求量,即 $s' - s \leqslant n_c (n_c > 0)$。

(5) 送货需求量:车辆经过送货弧,累积载货量减小,即 $s \geqslant s'$,且减少量不超过送货需求量,即 $s - s' \leqslant |n_c| (n_c < 0)$。

(6) 时间更新规则:对于任意时空状态弧 $(i, j, t, t', s, s', e, e') \in A$,车辆经过相邻节点的时间关系满足 $t' = t + T_{i,j,t}$。

(7) 电量消耗过程:对于任意运输弧 $(i, j, t, t', s, s', e, e') \in \Psi_T$,车辆经过相邻节点的能量更新规则为 $e' = e - \kappa_v \cdot T_{i,j,t}$。

(8) 充电过程:对于任意充电弧 $(i, j, t, t+1, s, s', e, e') \in \Psi_R$,车辆的能量更新规则为 $e' = e + \gamma_r$。

5.2.3 多商品网络流优化模型

本小节基于时空状态网络建立 EVRPMBTW-RS 问题的数学模型,相关的建模符号见表 5-1。

表 5-1 EVRPMBTW-RS 问题建模符号说明

符号	含义
N	物理网络节点集合

续 表

符号	含义
L	物理网络中有向弧的集合
T	离散时间点的集合
S	车辆载货状态值的集合
E	电池电量状态值的集合
V	电动车辆集合
C	客户集合
R	充电站点集合
A_v	车辆 v 对应的时空状态弧集合
$\Psi_{c,v}$	车辆 v 为客户 c 取送货的弧集合，$\Psi_{c,v} \subseteq A_v$
$\Psi_{r,v}$	车辆 v 在充电站 r 充电的弧集合，$\Psi_{r,v} \subseteq A_v$
i, j, j', j''	物理网络中节点的序号，$i, j, j', j'' \in N$
(i, j)	物理网络中有向弧的序号，$(i, j) \in L$
v, v'	车辆序号，$v, v' \in V$
c	客户序号，$c \in C$
r	充电站序号，$r \in R$
t, t', t''	离散时间点的序号，$t, t', t'' \in T$
s, s', s''	累积载货状态值，$s, s', s'' \in S$
e, e', e''	剩余电量状态值，$e, e', e'' \in E$
$(i, t), (j, t')$	时空点序号
(i, j, t, t')	时空弧序号
$(i, t, s, e), (j, t', s', e')$	时空状态点
$(i, j, t, t', s, s', e, e')$	时空状态弧
a	时空状态弧 $(i, j, t, t', s, s', e, e')$ 的缩写
o	配送中心节点
t_o^v	车辆 v 从配送中心 o 出发的时间
s_o^v	车辆 v 从配送中心 o 出发的初始载货量
e_o^v	车辆 v 从配送中心 o 出发的初始电量
$t_o^{v'}$	车辆 v 返回配送中心 o 的时间
$s_o^{v'}$	车辆 v 返回配送中心 o 的载货量
$e_o^{v'}$	车辆 v 返回配送中心 o 的剩余电量
$MinC_v$	车辆 v 的最小剩余电量阈值

续 表

符号	含义
$MaxC_v$	车辆 v 的电池容量
n_R	充电站的数量
φ_r	充电站 r 的承载容量,即最多可允许同时充电的车辆数量
γ_r	充电站 r 的充电速率,即每个时间间隔的充电量
κ_v	车辆 v 的耗电速率,即每个时间间隔的耗电量
cap_v	车辆 v 的最大承载能力
n_c	客户 c 的取货需求($n_c>0$)或送货需求($n_c<0$)
$[t_e^c, t_l^c]$	客户 c 的取货或送货服务时间窗,其中 t_e^c 是可以服务客户 c 的最早时间点,t_l^c 是可以服务客户 c 的最晚时间点
$c_{i,j,t,t',s,s',e,e'}$	弧 (i,j,t,t',s,s',e,e') 的成本
$T_{i,j,t}$	t 时刻通过有向弧 (i,j) 需要的时间
$x^v_{i,j,t,t',s,s',e,e'}$	若车辆 v 经过弧 (i,j,t,t',s,s',e,e'),取值为 1;否则取值为 0

EVRPMBTW-RS 问题不仅需要优化客户的取货和送货服务顺序,还要确定每辆电动车的充电站选择和充电持续时间。本小节基于扩展的时空状态网络,针对 EVRPMBTW-RS 问题,以最小化总运营成本为目标,建立多商品网络流优化模型,具体如下。

$$\min L = \sum_{v \in V} \sum_{(i,j,t,t',s,s',e,e') \in A_v} c_{i,j,t,t',s,s',e,e'} \times x^v_{i,j,t,t',s,s',e,e'} \qquad (5\text{-}1)$$

$$\sum_{(i,j,t,t',s,s',e,e') \in A_v} x^v_{i,j,t,t',s,s',e,e'} = 1,$$

$$\forall v \in V, i = o, t = t_o^v, s = s_o^v, e = e_o^v \qquad (5\text{-}2)$$

$$\sum_{(i,j,t,t',s,s',e,e') \in A_v} x^v_{i,j,t,t',s,s',e,e'} = 1,$$

$$\forall v \in V, j = o, t' = t_o^{v'}, s' \in S, e' \in E \qquad (5\text{-}3)$$

$$\sum_{(j'',t',s'',e'')} x^v_{i,j'',t,t',s,s'',e,e''} - \sum_{(j',t',s',e')} x^v_{j',i,t',t,s',s,e',e} = 0,$$

$$(i,t,s,e) \notin \{(o,t_o^v,s_o^v,e_o^v),(o,t_o^{v'},s_o^{v'},e_o^{v'})\}, \forall v \in V \qquad (5\text{-}4)$$

$$\sum_{v \in V} \sum_{(i,j,t,t',s,s',e,e') \in \Psi_{c,v}} x^v_{i,j,t,t',s,s',e,e'} \times (s'-s) = n_c, \forall c \in C \qquad (5\text{-}5)$$

$$\sum_{v \in V} \sum_{(i_r,i_r,t,t+1,s,s',e,e') \in \Psi_{r,v}} x^v_{i,j,t,t+1,s,s',e,e'} \leqslant \varphi_r, \quad \forall r \in R, \forall t \in T \qquad (5\text{-}6)$$

$$x_{i,j,t,t',s,s',e,e'}^{v} \in \{0,1\}, \quad \forall (i,j,t,t',s,s',e,e') \in A_v, \forall v \in V \quad (5\text{-}7)$$

式(5-1)是目标函数,最小化总配送成本。式(5-2)、式(5-3)和式(5-4)是流平衡约束条件,保证任意车辆对应的弧能连成一条路径,其中式(5-2)确保车辆从配送中心出发,式(5-3)确保车辆最终返回配送中心,式(5-4)确保车辆行驶路径上任意中间节点的流入流量和流出流量相等。式(5-5)保证每个客户的取货或送货需求被满足。若客户 c 是取货客户,$n_c>0$;若客户 c 是送货客户,$n_c<0$。式(5-6)保证任意时刻任意充电站上正在充电的车辆总数不超过充电站的承载容量。式(5-7)是0-1变量约束。

从上述模型可以看出,采用时空状态网络表示框架,决策变量只有一类变量,即时空状态弧变量 $x_{i,j,t,t',s,s',e,e'}^{v}$,而无须额外设置时间变量、车辆载货状态、电池电量状态、充电时间等变量,减少了变量类型,避免设置复杂的不同变量之间的耦合约束,可以简化模型结构,便于后续采用分解算法框架进行求解。

5.3　求解算法

针对5.2.3小节构建的多商品网络流优化模型,本节提出了基于多子块ADMM 的分解算法框架。通过对充电站承载容量和客户取送需求约束条件进行松弛,并引入二次惩罚项,来构造增广拉格朗日松弛模型。经过线性转化,将增广拉格朗日松弛模型分解为一系列单辆车的最短路径子模型,运用动态规划算法进行求解。构建拉格朗日松弛模型作为对比,验证 ADMM 算法的性能。

5.3.1　增广拉格朗日松弛模型

在5.2.3小节构建的多商品网络流优化模型中,式(5-2)、式(5-3)和式(5-4)是针对每辆电动物流车 $v \in V$ 单独设置的约束条件,车辆之间不存在耦合约束关系。式(5-5)保证客户的取货或送货需求被满足,式(5-6)保证同时充电的车辆数不超过充电站承载容量,这两类约束导致车辆之间存在耦合关系,属于难约束条件,需要进行松弛。

为了简化模型的表现形式,用 a 表示时空状态弧 (i,j,t,t',s,s',e,e'),目标函数〔式(5-1)〕简化为式(5-8)。

$$\min L = \sum_{v \in V} \sum_{a \in A_v} c_a x_a^v \tag{5-8}$$

对于任意取货或送货弧 $a \in \Psi_{c,v}$，用 $l(a)$ 表示车辆累积载货状态变化值 $s'-s$。式(5-5)和式(5-6)可以简化为式(5-9)和式(5-10)。

$$\sum_{v \in V} \sum_{a \in \Psi_{c,v}} x_a^v \times l(a) = n_c, \quad \forall c \in C \tag{5-9}$$

$$\sum_{v \in V} \sum_{a \in \Psi_{r,v}} x_a^v \leqslant \varphi_r, \forall r \in R, \quad \forall t \in T \tag{5-10}$$

为了在 ADMM 框架里松弛式(5-10)所示的约束，引入松弛变量 m_a，把不等式约束转化为等式约束〔式(5-11)〕。

$$\sum_{v \in V} \sum_{a \in \Psi_{r,v}} x_a^v + m_a = \varphi_r, \quad \forall r \in R, \forall t \in T \tag{5-11}$$

以上两个需要松弛的约束条件对应的拉格朗日乘子和惩罚参数见表5-2。充电站承载容量约束是不等式约束，需要对不等式约束进行松弛，对应的乘子 $\lambda_{r,t} \geqslant 0$。客户的取送需求约束是等式，对应的乘子 λ_c 没有符号限制。

表5-2 增广拉格朗日乘子和惩罚参数

拉格朗日乘子	惩罚参数	定义范围	对应的约束条件
λ_c	ρ_c	$a \in \Psi_{c,v}$	式(5-9)
$\lambda_{r,t}$	ρ_r	$a \in \Psi_{r,v}$	式(5-10)

把难约束条件〔式(5-9)和式(5-10)〕松弛到目标函数〔式(5-8)〕中，并增加对应的二次惩罚项，构建增广拉格朗日松弛（ALR）模型，具体如下。

ALR模型：

$$\begin{aligned}
\min L_{\rho_r, \rho_c} = & \sum_{v \in V} \sum_{a \in A_v} c_a x_a^v + \sum_{r \in R} \sum_{t \in T} \lambda_{r,t} \times \left(\sum_{v \in V} \sum_{a \in \Psi_{r,v}} x_a^v - \varphi_r \right) + \\
& \sum_{c \in C} \lambda_c \times \left(\sum_{v \in V} \sum_{a \in \Psi_{c,v}} x_a^v \times l(a) - n_c \right) + \\
& \frac{\rho_r}{2} \times \sum_{r \in R} \sum_{t \in T} \left(\sum_{v \in V} \sum_{a \in \Psi_{r,v}} x_a^v + m_a^v - \varphi_r \right)^2 + \\
& \frac{\rho_c}{2} \times \sum_{c \in C} \left(\sum_{v \in V} \sum_{a \in \Psi_{c,v}} x_a^v \times l(a) - n_c \right)^2
\end{aligned} \tag{5-12}$$

约束条件：流平衡约束〔式(5-2)、式(5-3)、式(5-4)〕，0-1 变量约束〔式(5-7)〕。

5.3.2 问题分解及线性化

上述 ALR 模型是一个二次 0-1 整数规划模型，对于每辆车而言，线性约束式〔(5-2)、式(5-3)、式(5-4)〕是独立的，但是由于目标函数包含二次项，ALR 模型无法直接按车辆进行分解。本章运用 ADMM 的算法框架，可以按 3.2.3 小节的式(3-43)，以交替迭代的方式对每辆电动车对应的决策变量块 x_a^v 进行求解，即把原多车辆路径问题分为一系列单辆车对应的子问题。每次迭代求解车辆 v 对应的子问题 $P(v)$ 时，只对车辆 v 的路径决策变量 x_a^v 进行优化，其他车辆的路径方案已知，并且暂时保持不变。

为了方便呈现 ALR 模型的分解和线性化处理过程，定义辅助变量 $\mu_{r,t}^v$ 和 δ_c^v。$\mu_{r,t}^v$ 表示除车辆 v 之外在充电站 r 充电的总车辆数，如式(5-13)所示。同理，辅助变量 δ_c^v 表示除车辆 v 之外其他车辆服务客户 c 的总需求量，如式(5-14)所示。

$$\mu_{r,t}^v = \sum_{v' \in V \setminus \{v\}} \sum_{a \in \Psi_{r,v'}} x_a^{v'}, \quad \forall r \in R, \forall t \in T \tag{5-13}$$

$$\delta_c^v = \sum_{v' \in V \setminus \{v\}} \sum_{a \in \Psi_{c,v'}} x_a^{v'} \times l(a), \quad \forall c \in C \tag{5-14}$$

ALR 模型进一步被分解为单辆车对应的子模型，其目标函数如式(5-15)所示。对于每个子模型而言，$\mu_{r,t}^v$ 和 δ_c^v 是已知的参数。单辆车对应的 ALR 子模型如下。

$$\begin{aligned}
\min L_{\rho_r,\rho_c,v} = &\sum_{a \in A_v} c_a x_a^v + \sum_{r \in R} \sum_{t \in T} \sum_{a \in \Psi_{r,v}} \lambda_{r,t} \times r_a^v + \\
&\sum_{c \in C} \sum_{a \in \Psi_{c,v}} \lambda_c \times l(a) \times x_a^v + \\
&\frac{\rho_r}{2} \times \sum_{r \in R} \sum_{t \in T} \Big(\sum_{a \in \Psi_{r,v}} x_a^v + \mu_{r,t}^v + m_a^v - \varphi_r \Big)^2 + \\
&\frac{\rho_c}{2} \times \sum_{c \in C} \Big(\sum_{a \in \Psi_{c,v}} x_a^v \times l(a) + \delta_c^v - n_c \Big)^2
\end{aligned} \tag{5-15}$$

约束条件：流平衡约束〔式(5-2)、式(5-3)、式(5-4)〕，0-1 变量约束〔式(5-7)〕。

考虑到决策变量 x_a^v 是 0-1 变量，式(5-15)可以经线性化处理，进一步化简。

$(\sum_{v \in V} \sum_{a \in \Psi_{r,v}} x_a^v + m_a^v - \varphi_r)^2$ 是针对式(5-11)所示的约束增加的二次项。当 $\sum_{v \in V} \sum_{a \in \Psi_{r,v}} x_a^v > \varphi_r$,式(5-6) 所示的约束条件不被满足时,则松弛变量 m_a^v 为 0,$(\sum_{v \in V} \sum_{a \in \Psi_{r,v}} x_a^v + m_a^v - \varphi_r)^2$ 可以转变为 $(\sum_{v \in V} \sum_{a \in \Psi_{r,v}} x_a^v - \varphi_r)^2$。当 $\sum_{v \in V} \sum_{a \in \Psi_{r,v}} x_a^v \leqslant \varphi_r$,式(5-6)所示的约束条件可以被满足时,则 $m_a^v = \varphi_r - \sum_{v \in V} \sum_{a \in \Psi_{r,v}} x_a^v$,二次项 $(\sum_{v \in V} \sum_{a \in \Psi_{r,v}} x_a^v + m_a^v - \varphi_r)^2$ 为0。整理松弛变量 m_a^v,如式(5-16)所示。

$$m_a^v = \begin{cases} 0, & \sum_{v \in V} \sum_{a \in \Psi_{r,v}} x_a^v > \varphi_r \\ \varphi_r - \sum_{v \in V} \sum_{a \in \Psi_{r,v}} x_a^v, & \sum_{v \in V} \sum_{a \in \Psi_{r,v}} x_a^v \leqslant \varphi_r \end{cases} \quad (5\text{-}16)$$

为了求解单辆车的子问题 $P(v)$,需要对二次项 $(\sum_{v \in V} \sum_{a \in \Psi_{r,v}} x_a^v + m_a^v - \varphi_r)^2$ 按车辆进行分解。由于 $\sum_{v \in V} \sum_{a \in \Psi_{r,v}} x_a^v = x_a^v + \mu_{r,t}$,在 ADMM 交替迭代式算法框架下求解每个子问题 $P(v)$ 时,$\mu_{r,t}^v$ 是已知的,式(5-16)可以进一步转化为式(5-17)。

$$m_a^v = \begin{cases} 0, & \mu_{r,t}^v \geqslant \varphi_r \\ \varphi_r - x_a^v - \mu_{r,t}^v, & \mu_{r,t}^v < \varphi_r \end{cases} \quad (5\text{-}17)$$

把式(5-17)带入 $(\sum_{v \in V} \sum_{a \in \Psi_{r,v}} x_a^v + m_a^v - \varphi_r)^2$,可以转化为式(5-18)。

$$(\sum_{a \in \Psi_{r,v}} x_a^v + \mu_{r,t}^v + m_a^v - \varphi_r)^2 =$$
$$\begin{cases} [1 + 2 \times (\mu_{r,t}^v - \varphi_r)] \sum_{a \in \Psi_{c,v,p}} x_a^v + (\mu_{r,t}^v - \varphi_r)^2, & \mu_{r,t}^v \geqslant \varphi_r \\ 0, & \mu_{r,t}^v < \varphi_r \end{cases} \quad (5\text{-}18)$$

当 $\mu_{r,t}^v \geqslant \varphi_r$ 时,详细的推导过程如式(5-19)所示。由于 x_a^v 是 0-1 变量,二次项 $(\sum_{a \in \Psi_{r,v}} x_a^v)^2$ 等价于 $\sum_{a \in \Psi_{r,v}} x_a^v$。

$$(\sum_{a \in \Psi_{r,v}} x_a^v + \mu_{r,t}^v + m_a^v - \varphi_r)^2 = (\sum_{a \in \Psi_{r,v}} x_a^v + \mu_{r,t}^v - \varphi_r)^2$$
$$= (\sum_{a \in \Psi_{r,v}} x_a^v)^2 + 2 \times (\sum_{a \in \Psi_{r,v}} x_a^v) \times (\mu_{r,t}^v - \varphi_r) + (\mu_{r,t}^v - \varphi_r)^2$$

$$= \sum_{a \in \Psi_{r,v}} x_a^v + 2 \times \Big(\sum_{a \in \Psi_{r,v}} x_a^v\Big) \times (\mu_{r,t}^v - \varphi_r) + (\mu_{r,t}^v - \varphi_r)^2$$

$$= [1 + 2 \times (\mu_{r,t}^v - \varphi_r)] \sum_{a \in \Psi_{c,v,p}} x_a^v + (\mu_{r,t}^v - \varphi_r)^2 \tag{5-19}$$

$\Big(\sum\limits_{a \in \Psi_{c,v}} x_a^v \times l(a) + \delta_c^v - n_c\Big)^2$ 是针对式(5-9)所示的约束增加的二次项,对其展开并进行线性化,如式(5-20)所示。

$$\Big(\sum_{a \in \Psi_{c,v}} x_a^v \times l(a) + \delta_c^v - n_c\Big)^2$$

$$= \Big(\sum_{a \in \Psi_{c,v}} x_a^v \times l(a)\Big)^2 + 2 \times \Big(\sum_{a \in \Psi_{c,v}} x_a^v \times l(a)\Big) \times (\delta_c^v - n_c) + (\delta_c^v - n_c)^2$$

$$= \sum_{a \in \Psi_{c,v}} x_a^v \times (l(a))^2 + 2 \times \Big(\sum_{a \in \Psi_{c,v}} x_a^v \times l(a)\Big) \times (\delta_c^v - n_c) + (\delta_c^v - n_c)^2$$

$$= [(l(a))^2 + 2 \times l(a) \times (\delta_c^v - n_c)] \sum_{a \in \Psi_{c,v}} x_a^v + (\delta_c^v - n_c)^2 \tag{5-20}$$

根据式(5-18)和式(5-20),进一步对式(5-15)所示的目标函数中决策变量x_a^v的系数进行整理化简,如式(5-21)所示,ω是常数项。时空状态弧a对应的成本$\hat{c}_a^v$如式(5-22)所示,与拉格朗日乘子$\lambda_{r,t}$和λ_c、惩罚参数ρ_r和ρ_c、参数$\mu_{r,t}^v$和δ_c^v有关。每次迭代求解单辆车对应的子问题之前需要按式(5-22)对时空状态弧成本进行更新,这导致不同车辆对应的充电弧和取送货服务弧的成本也会不同,因此可以破除不同车辆之间的对称性。

$$\min L_{\rho_r,\rho_c,v} = \sum_{a \in A_v} \hat{c}_a^v x_a^v + \omega \tag{5-21}$$

$$\hat{c}_a^v = \begin{cases} c_a + \lambda_{r,t} + \dfrac{\rho_r}{2} + \rho_r \times (\mu_{r,t}^v - \varphi_r), & a \in \Psi_{r,v}, \mu_{r,t}^v \geqslant \varphi_r \\ c_a + \lambda_{r,t}, & a \in \Psi_{r,v}, \mu_{r,t}^v < \varphi_r \\ c_a + \lambda_c \times l(a) + \dfrac{\rho_c}{2} \times (l(a))^2 + \rho_c \times l(a) \times (\delta_c^v - n_c), & a \in \Psi_{c,v} \\ c_a, & 其他 \end{cases} \tag{5-22}$$

由上述化简得到的 ALR 子模型结构可知,在 ADMM 的算法框架下,可以把原始多车辆路径问题分解为具有相同结构的单辆车最短路径子问题。

5.3.3 ADMM 算法

本小节采用多子块 ADMM 算法框架求解 EVRPMBTW-RS 问题对应的 ALR 模型,基于 ADMM 的算法框架如图 5-5 所示,具体步骤如算法 5-1 所示。初始化之后,首先计算问题的下界。考虑到每辆电动车对应的 ALR 子模型结构相同,均为最短路径子问题,于是采用前向动态规划(DP)算法进行求解,详见算法 5-2。每次迭代先计算模型的下界解 $LB^{(k)}$,并更新 ADMM 的最优下界 LB^*。更新后的拉格朗日乘子 $\lambda_{r,t}^{(k)}$ 和 $\lambda_c^{(k)}$ 直接用于后续上界解的计算。然后,同样采用前向 DP 算法求解 ALR 子模型,详见算法 5-3,计算问题的上界解 $UB^{(k)}$,并更新 ADMM 的最优上界 UB^*。在最优上界 UB^* 和最优下界 LB^* 的基础上计算最优间隙 Gap,可以评估解的质量。为了获得质量更高的解,采用次梯度方法更新下次迭代的拉格朗日乘子 $\lambda_{r,t}^{(k+1)}$ 和 $\lambda_c^{(k+1)}$。惩罚参数 ρ_r 和 ρ_c 是拉格朗日乘子 λ_r 和 λ_c 的更新步长。通过改变惩罚参数的大小可以调节算法的计算效率。

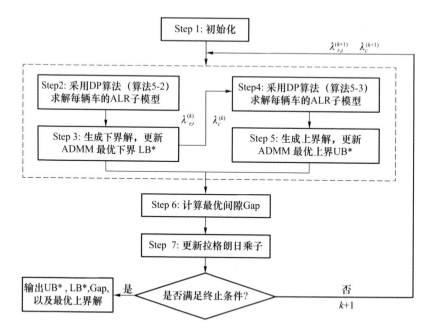

图 5-5 基于 ADMM 的算法框架

算法 5-1：基于 ADMM 的求解算法

Step 1：算法初始化。

  初始化迭代数 $k=0$；

  初始化拉格朗日乘子 $\lambda_{r,t}^{(0)}$，$\lambda_c^{(0)}$ 和惩罚参数 ρ_r，ρ_c；

  初始化下界解 $\{x_{LB}^0\}$ 和上界解 $\{x_{UB}^0\}$；初始化最优下界 LB^* 和最优上界 UB^*。

Step 2：采用前向动态规划算法，依次优化每辆电动车的配送路径。

  For 每辆电动车，$v \in V$：

    根据式(5-22)更新时空状态弧成本 $\hat{c}_a^v$；

    采用 DP 算法(详见算法 5-2)，找到车辆 v 的最短路径，即求解车辆 v 对应的 ALR 子模型，其中目标函数为式(5-21)，约束条件为式(5-2)、式(5-3)、式(5-4)和式(5-7)。

  End for

Step 3：生成下界解，并计算 $LB^{(k)}$。

  Step 3.1：生成下界解 $\{x_{LB}^k\}$。

  采用 Step 2 得到的车货分配方案，计算下界解。

    For 每位客户，$c \in C$：

      If 存在部分取货或送货需求被多辆车服务，then 仅指派一辆车完成服务即可；

      If 存在部分取货或送货需求没有被服务，then 重新指派一辆车完成服务。

    End for

  Step 3.2：基于下界解 $\{x_{LB}^k\}$，计算下界值 $LB^{(k)}$，并按 $LB^* = \max\{LB^*, LB^{(k)}\}$ 更新最优下界值 LB^*。

Step 4：基于 Step 3 更新的 $\lambda_{r,t}^{(k)}$ 和 $\lambda_c^{(k)}$，采用前向动态规划算法，依次优化每辆电动车的配送路径。

  For 每辆电动车，$v \in V$：

    根据式(5-22)更新时空状态弧成本 $\hat{c}_a^v$；

    采用 DP 算法(详见算法 5-3)，找到车辆 v 的最短路径，即求解车辆 v 对应的 ALR 子模型，其中目标函数为式(5-21)，约束条件为式(5-2)、式(5-3)、式(5-4)和式(5-7)。

  End for

Step 5：生成上界解，并计算 $UB^{(k)}$。

  Step 5.1：生成上界解 $\{x_{UB}^k\}$。

  采用 Step 4 得到的车货分配方案，计算上界解。

    For 每位客户，$c \in C$：

      If 存在部分取货或送货需求被多辆车服务，then 仅指派一辆车完成服务即可；

      If 存在部分取货或送货需求没有被服务，then 重新指派一辆车完成服务。

    End for

续

Step 5.2:基于上界解$\{x_{UB}^k\}$,计算上界值$UB^{(k)}$,按$UB^* = \min\{UB^*, UB^{(k)}\}$更新最优上界值$UB^*$。

Step 6:根据$Gap=(UB^*-LB^*)/LB^* \times 100\%$计算最优间隙,评估解的质量。

Step 7:采用次梯度方法,更新拉格朗日乘子$\lambda_{r,t}$,λ_c,如下。

$$\lambda_{r,t}^{(k+1)} := \max\{0, \lambda_{r,t}^{(k)} + \rho_r \times (\sum_{v \in V} \sum_{a \in \Psi_{r,v}} x_a^v - \varphi_r)\}, \forall r \in R;$$

$$\lambda_c^{(k+1)} := \lambda_c^{(k)} + \rho_c \times (\sum_{v \in V} \sum_{a \in \Psi_{c,v}} x_a^v \times l(a) - n_c), \forall c \in C。$$

Step 8:算法终止条件检验。

若迭代次数k达到预设值K,终止算法,输出LB^*、UB^*、Gap以及最优上界解;否则返回Step 2,$k=k+1$,继续迭代。

计算问题下界解的DP算法如算法5-2所示。基于时空状态网络的框架,可以把服务时间窗约束$t \in [t_e^v, t_l^v]$,车辆承载能力约束$s \in [0, cap_v]$,剩余电量约束$e \in [MinC, MaxC]$以及车辆载货状态和电池剩余电量状态的更新过程直接嵌入该算法中,以缩小算法的搜索空间,保证算法的求解效率。访问时空状态点(i,t,s,e)之前需要依次在时间、空间和状态循环层上判断该点是否在可行的求解空间中。

算法5-2:计算下界解的DP算法

输入:物理网络节点集合N和有向弧集合L。

输出:所有电动车辆的最短时空状态路径。

For 任意电动车辆v,$v \in V$ 执行:

  初始化:车辆v位于初始配送中心,初始时空状态点处对应的总成本设为$L(o, t_o^v, s_o^v, e_o^v)$。

  For 每个时间点$t \in [t_e^v, t_l^v]$,执行://时间层循环

   For 每条有向弧$(i,j) \in L$,执行://空间层循环

    剩余电量更新$e'=e+\Delta e$,Δe是电量变化量。

    For 车辆载货状态$s \in [0, cap_v]$,执行://状态层循环

     基于t时刻车辆经过弧(i,j)的载货状态变化量Δs,更新下游状态s',即$s'=s+\Delta s$;

     进一步更新到达空间节点j的时间t',即$t'=t+T_{i,j,t}$;

     If $L(i,t,s,e)+\hat{c}_{i,j,t,t',s,s',e,e'}^v \leq L(j,t',s',e')$,

      $e' \in [MinC, MaxC]$,且$s' \in [0, cap_v]$,then

      $L(j,t',s',e') := L(i,t,s,e)+\hat{c}_{i,j,t,t',s,s',e,e'}^v$,按式(5-22)更新$\hat{c}_{i,j,t,t',s,s',e,e'}^v$;

      按以下规则更新:

时空状态点 (j,t',s',e') 的前序空间节点是 i；
时空状态点 (j,t',s',e') 的前序时间节点是 t；
时空状态点 (j,t',s',e') 的前序载货状态值是 s；
时空状态点 (j,t',s',e') 的前序剩余电量值是 e；
End if;
End for 载货状态；
End for 有向弧；
End for 时间点；
回溯得到车辆 v 的最短时空状态路径；
End for 电动车辆。

计算问题上界解的 DP 算法如算法 5-3 所示。在算法 5-2 的基础上，需要考虑充电站承载容量约束，定义随时间变化的充电站使用状态指标 $M(r,t)$。当 t 时刻充电站 r 上正在充电的车辆达到其最大容纳能力，即 $M(r,t) \geqslant \varphi_r$ 时，不再允许其他车辆进入。

算法 5-3：计算上界解的 DP 算法
输入：物理网络节点集合 N 和有向弧集合 L。
输出：所有电动车辆的最短时空状态路径。
For 任意电动车辆 v, $v \in V$ 执行：
初始化：车辆 v 位于初始配送中心，初始时空状态点处对应的总成本设为 $L(o,t_o^v,s_o^v,e_o^v)$。
For 每个时间点 $t \in [t_e^v,t_l^v]$，执行：//时间层循环
For 每条有向弧 $(i,j) \in L$，执行：//空间层循环
剩余电量更新 $e'=e+\Delta e$，Δe 是电量变化量。
If $i=j=r \in R$，并且 t 时刻充电站 i 容纳的车辆数超过其承载容量，即 $M(r,t) \geqslant \varphi_r$：//$M(r,t)$ 表示随时间变化的充电站 r 使用状态。
Break；
Else：
For 每个车辆载货状态 $s \in [0,\text{cap}_v]$，执行：//状态层循环
基于 t 时刻车辆经过 (i,j) 载货状态变化量 Δs，更新下游状态 s'，即 $s'=s+\Delta s$；
进一步更新到达空间节点 j 的时间 t'，即 $t'=t+T_{i,j,t}$；
If $L(i,t,s,e)+\hat{c}_{i,j,t,t',s,s',e,e'}^v \leqslant L(j,t',s',e')$，

续

$e' \in [\text{MinC}, \text{MaxC}]$，且 $s' \in [0, \text{cap}_v]$，then

　　$L(j, t', s', e') := L(i, t, s, e) + \hat{c}^v_{i,j,t,t',s,s',e,e'}$，按式(5-22)更新 $\hat{c}^v_{i,j,t,t',s,s',e,e'}$；

按以下规则更新：

时空状态点 (j, t', s', e') 的前序空间节点是 i；

时空状态点 (j, t', s', e') 的前序时间节点是 t；

时空状态点 (j, t', s', e') 的前序载货状态值是 s；

时空状态点 (j, t', s', e') 的前序剩余电量值是 e；

End if；

End for 载货状态；

　End if；

End for 有向弧；

End for 时间点；

回溯得到车辆 v 的最短时空状态路径。

For 每个充电站 $r \in R$：

　For 每个时间点 $t \in T$：

　　If t 时刻车辆 v 占用充电站 r：

　　　更新 $M(r, t) = M(r, t) + 1$；

　　End if；

　End for 时间点；

End for 充电站；

End for 电动车辆。

综上，ADMM算法的复杂度与电动车数量、算法最大迭代次数、有向弧数量、时间点数量和车辆承载能力有关。由于 EVRPMB-TW 是非凸问题，不能保证 ADMM 求解该问题的收敛性。在后续数值实验过程中，通过调节惩罚参数值的大小，选择设置合适的参数值，可提高获得可行解的速率。

5.3.4　拉格朗日松弛算法

Lu 等[217]基于时空网络建立了多商品网络流模型，提出了一种基于拉格朗日松弛的近似求解框架。Yao 等[233]和 Zhang 等[234]采用拉格朗日松弛算法作为对比算法验证了 ADMM 算法的优势。基于拉格朗日松弛和 ADMM 的求解算法均可以把复杂的电动车辆路径优化问题转化为一系列容易求解的最短路径子问题。因此,本小节选择基于拉格朗日松弛的算法作为对比算法。构造 LR 模型,目标函数如式(5-23)所示。

LR 模型的目标函数:

$$\min L' = \sum_{v \in V} \sum_{a \in A_v} c_a x_a^v + \sum_{r \in R} \sum_{t \in T} \lambda_{r,t} \times \sum_{v \in V} \sum_{a \in \Psi_{r,v}} (x_a^v - \varphi_r) + \\ \sum_{c \in C} \lambda_c \times \sum_{v \in V} \sum_{a \in \Psi_{c,v}} (x_a^v \times l(a) - n_c) \quad (5\text{-}23)$$

约束条件:流平衡约束〔式(5-2)、式(5-3)、式(5-4)〕,0-1 变量约束〔式(5-7)〕。

单辆车对应的线性 LR 子模型目标函数如式(5-24)所示,属于最短路径子问题,可以用前向动态规划算法求解。

单辆车对应的线性 LR 子模型目标函数:

$$\min L'_v = \sum_{a \in A_v} c_a x_a^v + \sum_{r \in R} \sum_{t \in T} \sum_{a \in \Psi_{r,v}} \lambda_{r,t} \times x_a^v + \\ \sum_{c \in C} \sum_{a \in \Psi_{c,v}} \lambda_c \times l(a) \times x_a^v \quad (5\text{-}24)$$

约束条件:流平衡约束〔式(5-2)、式(5-3)、式(5-4)〕,0-1 变量约束〔式(5-7)〕。

式 (5-24)可进一步化简为式 (5-25),其中 ω' 是一个常数项,时空状态弧 a 的成本是 $\hat{c}_a^{v\prime}$,如式 (5-26)所示。

$$\min L'_v = \sum_{a \in A_v} \hat{c}_a^{v\prime} x_a^v + \omega' \quad (5\text{-}25)$$

$$\hat{c}_a^{v\prime} = \begin{cases} c_a + \lambda_{r,t}, & a \subset \Psi_{r,v} \\ c_a + \lambda_c \times l(a), & a \in \Psi_{c,v} \\ c_a, & \text{其他} \end{cases} \quad (5\text{-}26)$$

与式(5-22)计算 ALR 模型的 $\hat{c}_a^v$ 不同,式(5-26)计算 $\hat{c}_a^{v\prime}$ 时只与 $\lambda_{r,t}$ 和 λ_c 有关,不含惩罚参数。每次迭代求解单辆车对应的子问题之前需要按式(5-26)对时空状态弧成本 $\hat{c}_a^{v\prime}$ 进行更新,不同车辆对应的充电弧和取送货服务弧的成本是相同的,因此会存在对称性问题,影响拉格朗日松弛算法的计算效率。

采用拉格朗日松弛法求解 EVRPMBTW-RS 问题,如算法 5-4 所示。与算法 5-1 的框架类似,每次迭代要计算最优下界和最优上界以及最优间隙 Gap。求解单辆车对应的最短路径子问题之前要对时空状态弧成本按式(5-26)进行更新。

算法 5-4:基于拉格朗日松弛的求解算法

Step 1:算法初始化。

  初始化迭代数 $k=0$;

  初始化拉格朗日乘子 $\lambda_{r,t}^{(0)}$,$\lambda_c^{(0)}$ 和惩罚参数 ρ_r,ρ_c;

  初始化下界解 $\{x_{LB}^0\}$ 和上界解 $\{x_{UB}^0\}$;

  初始化最优下界 LB^* 和最优上界 UB^*。

Step 2:采用前向动态规划算法,依次求解每辆电动车对应的 LR 子模型。

  For 每辆电动车,$v \in V$:

    根据式(5-26)更新时空状态弧成本 $\hat{c}_a^{v'}$;

    采用 DP 算法(详见算法 5-2),找到车辆 v 的最短路径,即求解车辆 v 对应的 LR 子模型,其中目标函数为式(5-25),约束条件为式(5-2)、式(5-3)、式(5-4)和式(5-7)。

  End for

Step 3:生成下界解,并计算 $LB^{(k)}$。

  Step 3.1:生成下界解 $\{x_{LB}^k\}$。

  采用 Step 2 得到的车货分配方案,计算下界解:

    For 每位客户,$c \in C$:

      If 存在部分取货或送货需求被多辆车服务,then 仅指派一辆车完成服务即可;

      If 存在部分取货或送货需求没有被服务,then 重新指派一辆车完成服务。

    End for

  Step 3.2:基于下界解 $\{x_{LB}^k\}$,计算下界值 $LB^{(k)}$,并按 $LB^* = \max\{LB^*, LB^{(k)}\}$ 更新最优下界值 LB^*。

Step 4:基于 Step 3 更新的 $\lambda_{r,t}^{(k)}$ 和 $\lambda_c^{(k)}$,采用前向动态规划算法,求解每辆电动车对应的 LR 子模型。

  For 每辆电动车,$v \in V$:

    根据式(5-26)更新时空状态弧成本 $\hat{c}_a^{v'}$;

    采用 DP 算法(详见算法 5-3),找到车辆 v 的最短路径,即求解车辆 v 对应的 LR 子模型,其中目标函数为式(5-25),约束条件为式(5-2)、式(5-3)、式(5-4)和式(5-7)。

  End for

Step 5:生成上界解,并计算 $UB^{(k)}$。

  Step 5.1:生成上界解 $\{x_{UB}^k\}$。

  采用 Step 4 得到的车货分配方案,计算上界解:

    For 每位客户,$c \in C$:

      If 存在部分取货或送货需求被多辆车服务,then 仅指派一辆车完成服务即可;

      If 存在部分取货或送货需求没有被服务,then 重新指派一辆车完成服务。

End for

Step 5.2：基于上界解$\{x_{\mathrm{UB}}^k\}$，计算上界值$\mathrm{UB}^{(k)}$，按$\mathrm{UB}^*=\min\{\mathrm{UB}^*,\mathrm{UB}^{(k)}\}$更新最优上界值$\mathrm{UB}^*$。

Step 6：根据$\mathrm{Gap}=(\mathrm{UB}^*-\mathrm{LB}^*)/\mathrm{LB}^*\times100\%$计算最优间隙，评估解的质量。

Step 7：采用次梯度方法，更新拉格朗日乘子$\lambda_{r,t}$，λ_c，如下：

更新步长$\theta^{(k)}=1/(k+1)$；

$$\lambda_{r,t}^{(k+1)}:=\max\left\{0,\lambda_{r,t}^{(k)}+\theta^{(k)}\times\left(\sum_{v\in Va}\sum_{\in\Psi_{r,v}}x_a^v-\varphi_r\right)\right\},\forall r\in R;$$

$$\lambda_c^{(k+1)}:=\lambda_c^{(k)}+\theta^{(k)}\times\left(\sum_{v\in Va}\sum_{\in\Psi_{c,v}}x_a^v\times l(a)-n_c\right),\forall c\in C。$$

Step 8：算法终止条件检验。

若迭代次数k达到预设值K，终止算法，输出LB^*、UB^*、Gap以及最优上界解；否则返回Step 2，$k=k+1$，继续迭代。

5.4 算 例 分 析

本节构建 7 点网络测试算例，基于数值实验结果分析关键参数和不同服务模式对电动物流车辆路径规划和充电方案的影响。构建北京亦庄路网测试算例，测试 ADMM 算法的计算效率，并与拉格朗日松弛算法进行比较。算法执行的硬件环境为 Intel(R) CPU(TM) i7-7700 CPU @ 3.60 GHz，内存为 16 GB。软件环境为 Windows 10 系统，使用 Python 编写求解算法。

5.4.1 关键参数分析

如图 5-6(a)所示，构造一个 7 点小规模网络，其中节点 7 表示配送中心，节点 3 和节点 4 处分别设置 1 个充电站。在基准实验中，所有充电站的充电速率都设为 $\gamma=4$，所有车辆的耗电率都设为 $\kappa=1$，所有车辆的最小剩余电量阈值都设为 $\mathrm{MinC}=1$，所有车辆的电池容量都设为 $\mathrm{MaxC}=12$。客户 1 和 4 是送货客户，分别位于有向弧 (2,5)和(4,3)上。客户 2 和 3 是取货客户，分别位于有向弧(3,1)和(5,6)上。算法迭代两次后收敛，优化路径方案如图 5-6(a)所示，车辆的时空轨迹如图 5-6(b)所示，车辆在节点 3 补充电量。

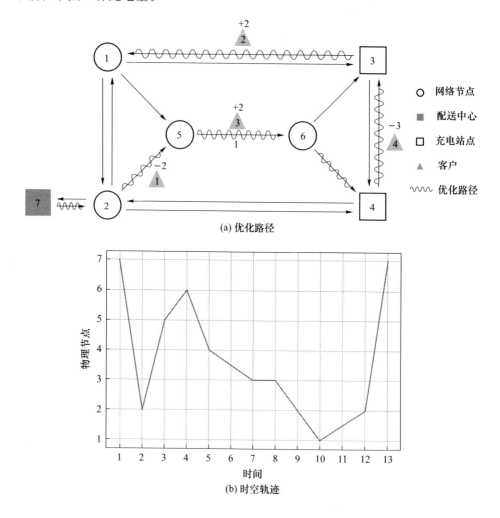

图 5-6 基准实验的优化方案

惩罚参数 ρ_r 和 ρ_c 设置不同的取值,以分析对算法求解效率的影响。当 $\rho_c=0.1$ 时,收敛需要迭代的次数随 ρ_r 的变化如图 5-7 所示。当 $\rho_r \leqslant 0.5$ 时,算法可以在 40 次迭代以内收敛,找到可行解。当 $\rho_r > 0.5$ 时,收敛所需要的迭代次数降至 2。因此设置合适的惩罚参数取值有助于加快算法找到可行解的速度。

(1) 充电策略相关参数分析

本小节研究的充电策略相关参数包括充电速率 γ、耗电率 κ、最小剩余电量阈值 MinC 和电池容量 MaxC。客户的送货需求和取货需求与基准实验相同。通过

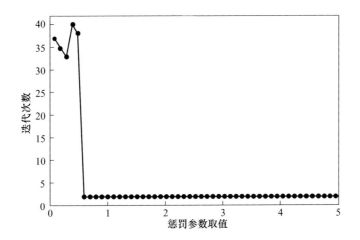

图 5-7　不同惩罚参数取值下的算法收敛所需迭代次数

比较不同参数取值的优化结果,分析了不同充电策略对电动物流车辆路径规划的影响。本部分算例的客户取送需求设置与基准算例相同,即设有 2 个取货客户和 2 个送货客户,需要配送 5 件货物,取回 4 件货物。

① 充电速率 γ

本小节在基准实验($\gamma=4$)的基础上,增加了 $\gamma=1,2,3$ 的实验组,车辆的时空轨迹如图 5-8 所示。γ 的取值会影响车辆的充电方案、电池电量状态及总配送时间。当 $\gamma=2,3,4$ 时,车辆的时空轨迹相同,因为车辆只需要充电 1 个时间间隔即可支撑其完成剩余的行驶里程。当 $\gamma=1$ 时,充电速率较低,车辆需要充电 2 个时间间隔才能补充足够的电量,完成剩余的取送任务,总时间成本更高。

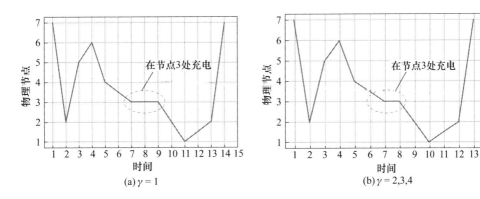

图 5-8　不同充电速率下的车辆时空轨迹

② 耗电率 κ

设置耗电率为 $\kappa=1.5$ 和 $\kappa=2$ 的实验,并与基准实验($\kappa=1$)进行对比。车辆时空轨迹如图 5-9 所示,不同耗电率下的充电方案是不同的。当 $\kappa=1.5$,MinC$=1$ 时,车辆会在节点 3 充电 2 个时间间隔。当 $\kappa=2$,MinC$=0$ 时,由于耗电率过高,为了在时间窗 [5,6] 内服务客户 4,车辆需要先在节点 4 充电 1 个时间间隔,为了满足剩下的服务需求,车辆还需要在节点 3 充电 2 个时间间隔。

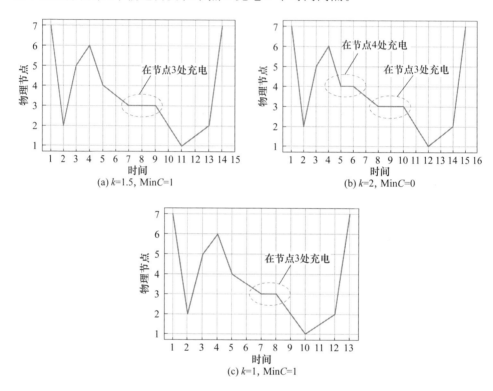

图 5-9 不同耗电率下的车辆时空轨迹

③ 最小剩余电量阈值 MinC

设置 MinC$=1,2,3,4$ 的实验,其他参数设置为 $\kappa=1$,$\gamma=2$,MaxC$=12$。车辆时空轨迹如图 5-10 所示,当 MinC$=1$ 时,车辆需要充电 1 个时间间隔;当 MinC$=2$ 或 3 时,车辆需要充电 2 个时间间隔,时空状态轨迹相同;当 MinC$=4$,车辆需要充电 3 个时间间隔。因此,MinC 值的大小会影响车辆的充电时间,进而影响总配送时间。

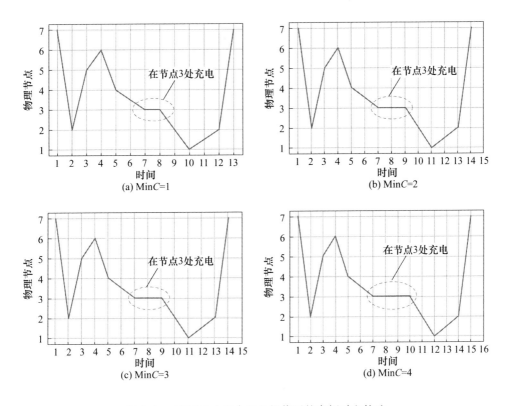

图 5-10 不同最小剩余电量阈值下的车辆时空轨迹

④ 电池容量 MaxC

电池容量 MaxC 是反映电池性能的关键指标。设置 MaxC=6 和 MaxC=7 的实验,其他参数设置为 $\gamma=2, \kappa=1, \mathrm{Min}C=1$。车辆的时空轨迹如图 5-11 所示。当 MaxC=7 时,车辆在节点 3 充电 3 个时间间隔;当 MaxC=6 时,车辆需要在节点 4 充电 1 个时间间隔,还需要在节点 3 充电 2 个时间间隔。因此,MaxC 的值也会影响车辆的充电方案。

(2) 充电站相关参数分析

充电站的相关参数设置会影响车辆路径和充电策略的优化方案。充电站的承载容量或数量不足会导致车辆绕行充电,降低配送系统的服务效率,并消耗更多的电量。因此本小节选择充电站承载容量 φ_r 和充电站数量 n_R 参数,通过比较不同参数取值的优化结果,分析充电站设置对电动物流车辆路径方案的影响。本部分的算例中设有 3 个取货客户和 3 个送货客户,需要送 11 件货物,取 10 件货物。

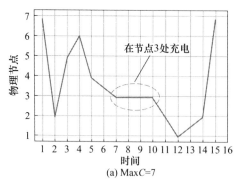 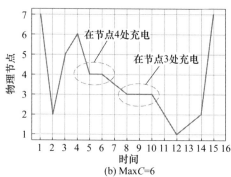

图 5-11　不同电池容量下的车辆时空轨迹

① 充电站承载容量 φ_r

车辆 v_1，v_2，v_3 的电池容量参数设置分别为：$\text{Max } C_{v1}=6$，$\text{Max } C_{v2}=\text{Max } C_{v3}=8$。车辆 v_1，v_2，v_3 的最小剩余电量阈值设置为 $\text{Min } C_{v1}=\text{Min } C_{v2}=\text{Min } C_{v3}=1$。每辆电动车的耗电率为 $\kappa=1$，充电速率设置为 $\gamma=2$。设置了场景Ⅰ和场景Ⅱ两组实验，节点 3 和节点 4 的充电站承载容量参数 φ_3 和 φ_4 设置如下。

场景Ⅰ：$\varphi_3=1$，$\varphi_4=2$。

场景Ⅱ：$\varphi_3=2$，$\varphi_4=1$。

场景Ⅰ和Ⅱ中电动物流车辆的路径优化方案对应的时空轨迹如图 5-12 所示。在场景Ⅰ中，v_1 和 v_2 在节点 4 充电，v_3 在节点 3 充电，算法迭代 2 次后收敛。在场景Ⅱ中，v_2 和 v_3 在节点 3 充电，v_1 在节点 4 充电，算法迭代 21 次后收敛。因此，充电站承载容量会影响车辆路径和充电优化方案。

② 充电站数量 n_R

车辆 v_1，v_2，v_3 的电池容量参数设置为 $\text{Max } C_{v1}=\text{Max } C_{v2}=\text{Max } C_{v3}=8$。车辆 v_1，v_2，v_3 的最小剩余电量阈值设置为 $\text{Min } C_{v1}=\text{Min } C_{v2}=\text{Min } C_{v3}=1$。每辆电动车的耗电率为 $\kappa=1$，充电速率设置为 $\gamma=2$。设置了场景Ⅲ和场景Ⅳ两组实验，充电站具体设置情况如下。

场景Ⅲ：在节点 3 处设置 1 个充电站，其承载容量设为 $\varphi_3=2$。

场景Ⅳ：在节点 3 和节点 4 处各设置 1 个充电站，其承载容量设为 $\varphi_3=\varphi_4=2$。

如图 5-13 所示，在场景Ⅲ和场景Ⅳ中，v_1 途中均不充电，因为电量可以支持车辆返回原配送中心。在场景Ⅲ中，v_2 和 v_3 在节点 3 充电。在场景Ⅳ中，v_2 在节点

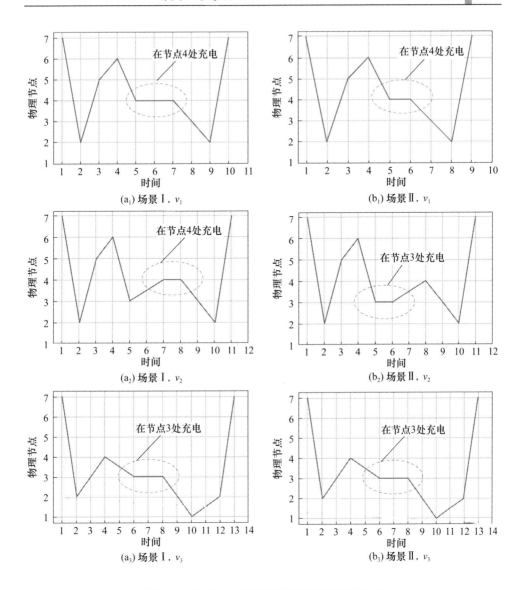

图 5-12 场景Ⅰ和场景Ⅱ对应的车辆时空轨迹

4 充电，v_3 在节点 3 充电。因此，充电站的数量会影响车辆路径和充电方案优化结果。

5.4.2 客户服务模式的影响

为了探究客户取送服务顺序对路径优化和耗电成本的影响，设置"混合取送"

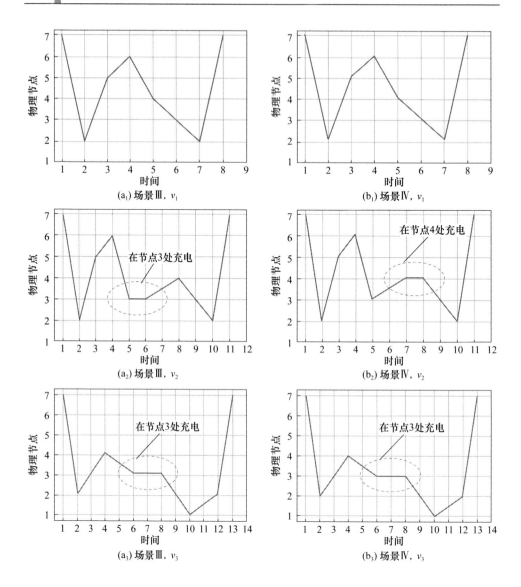

图 5-13 场景Ⅲ和场景Ⅳ对应的车辆时空轨迹

服务模式实验,并设置"先送后取"和"取送分开"服务模式作为对比,具体如下。

模式Ⅰ. 先送后取:电动物流车辆完成所有送货任务后,再服务客户的取货需求,即送货服务的时间优先性大于取货服务。

模式Ⅱ. 取送分开:客户的取货和送货需求分别由不同的电动物流车辆服务,即取送服务不共享车辆及其配送路径。

模式Ⅲ．混合取送：同一辆车可以按任意混合顺序服务客户的取货和送货需求，即本章所采用的混合回程服务模式。

其他参数和客户取送服务需求的设置与5.4.1小节的基准实验相同。不同服务模式下的优化方案结果见表5-3，从表中可以看出模式Ⅲ的总时间成本和总耗电量均低于模式Ⅰ和模式Ⅱ。模式Ⅰ中车辆v_1的最优路径为：7→2→5→6→4→3→1→5→6→4→2→7。模式Ⅱ中车辆v_1服务客户的送货需求，完成任务后以空车状态返回配送中心，其最优路径为7→2→5→6→4→3→1→2→7；车辆v_2服务客户的取货需求，其最优路径为7→2→5→6→3→1→7。模式Ⅲ中车辆v_1的最优路径为：7→2→5→6→4→3→1→2→7。与模式Ⅰ相比，模式Ⅲ可以克服"先送后取"的顺序限制，保证客户的取送服务具备同等的优先服务顺序，减少不必要的绕行；与模式Ⅱ相比，模式Ⅲ可以有效避免空车返回的现象，提高电动物流车辆的利用率，降低运营成本。

表5-3 不同服务模式下的优化方案结果

服务模式	车辆	总时间成本	总耗电量	总充电量
模式Ⅰ	v_1	15	14	4
模式Ⅱ	v_1,v_2	21	20	4
模式Ⅲ	v_2	12	11	4

5.4.3 亦庄路网算例分析

本小节基于北京市亦庄经济开发区的实际路网构建算例，对本章提出的算法和模型进行验证。亦庄路网由1 700条路段和758个节点组成，如图5-14所示。以京沪高速为分割线将该路网划分为两个区域，设为区域Ⅰ和区域Ⅱ，分别设置两个配送中心O_1和O_2。车辆v_1,v_2,v_3和v_4归属于配送中心O_1，服务于区域Ⅰ内部的客户取送需求。车辆v_5,v_6和v_7归属于配送中心O_2，服务于区域Ⅱ内部的客户取送需求。车辆参数设置见表5-4。本算例中总共需要服务46个取货需求和50个送货需求，设置11个充电站，其中充电站R1,R2,R3,R4,R5和R6设置在区域Ⅰ，充电站R7,R8,R9,R10和R11设置在区域Ⅱ。每个充电站的承载容量设为$\varphi_r=3$，充电速率设为$\gamma_r=8$。

表 5-4 车辆参数设置

车辆	cap_v	κ_v	$MinC_v$	$MaxC_v$
v_1	7	1	10	60
v_2	7	1	10	60
v_3	8	1	10	60
v_4	8	1	10	60
v_5	7	1	10	60
v_6	6	1	10	60
v_7	8	1	10	60

基于上述亦庄路网算例进行数值实验,得到每辆电动物流车的路径优化方案,见表 5-5。每辆电动物流车所服务的客户在路网上的分布如图 5-14 所示。电动物流车辆的充电方案见表 5-6。车辆 v_5 不需要充电,因为初始电量可以支持其返回配送中心。

表 5-5 电动物流车辆的路径优化方案

车辆	客户访问顺序	总时间	最终状态向量
v_1	18→23→24→26→27→22→16	57	[6,13]
v_2	10→8→5→1→2→9	59	[6,11]
v_3	14→15→20→25→21→19→17	65	[7,14]
v_4	11→6→3→4→7→12→13	67	[7,13]
v_5	39→42→43→38→35→32→33	49	[6,37]
v_6	37→34→31→29→28→30→36	60	[7,10]
v_7	40→44→45→47→49→48→46→41	70	[8,18]

表 5-6 电动物流车辆的充电方案

车辆	充电站选择	充电时间	充电量
v_1	R5	1	8
v_2	R3	1	8
v_3	R6	2	16
v_4	R4	2	16
v_5	—	0	0
v_6	R9	1	8
v_7	R11	3	24

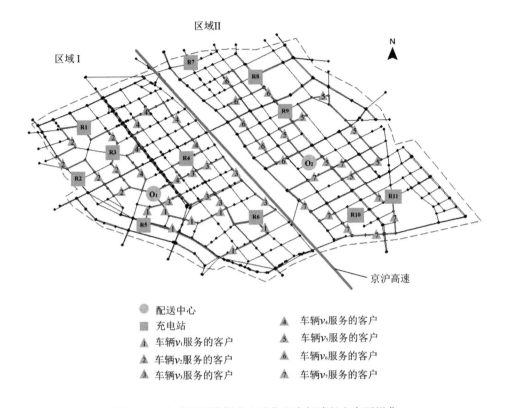

图 5-14 亦庄路网算例的电动物流车辆路径方案可视化

为了验证 ADMM 算法的有效性,基于亦庄路网算例对 LR 的算法进行测试。ADMM 算法和 LR 算法迭代 500 次的优化结果见表 5-7,最优上界和最优下界的迭代过程如图 5-15 所示。从图中可以看出,ADMM 算法的计算效率和解的质量要明显优于 LR 算法。如图 5-15(a)所示,ADMM 算法迭代 46 次后收敛,最优上界和最优下界之间的 Gap 是 5.85%,解的质量较高。如图 5-15(b)所示,LR 算法计算最优下界时无法收敛,迭代 500 次时 Gap 达 72.7%,仍然较大。

在 ALR 模型中,增加的二次惩罚项可以解决 LR 算法存在的对称性问题,有助于加快 ADMM 算法找到可行解的速率。由于利用 LR 分解框架得到的每辆车对应的子模型具有相同的拉格朗日乘子,为了获得最大的利益,不同的电动物流车辆倾向于服务相同客户的取货或送货需求,使得求解大规模网络问题时难以快速获得可行解。在基于亦庄大规模路网算例的数值实验中,ADMM 算法的效果明显优于 LR 算法,可以更快速地找到更高质量的解。需要说明的是,惩罚项的引入会导致 ADMM 算法容易陷入局部最优。一旦陷入局部最优解,算法就难以找到全局最优解[233,234]。

表 5-7　ADMM 算法和 LR 算法的优化结果对比

求解算法	LR	ADMM
最优上界	570	416
最优下界	330	393
Gap	72.7%	5.85%

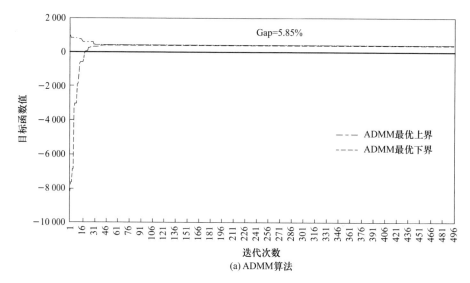

(a) ADMM算法

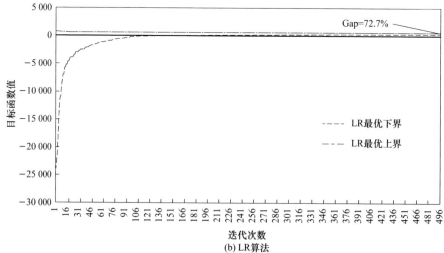

(b) LR算法

图 5-15　ADMM 算法和 LR 算法最优上下界的迭代过程

5.5　本章小结

本章针对实际城市物流配送的取送货场景,提出了考虑混合回程服务模式的电动物流车辆配送路径优化问题(EVRPMBTW-RS)。基于时空状态网络构造了多商品网络流优化模型,在时间、空间和状态3个维度上同时优化电动物流车辆路径和充电策略。采用多子块ADMM的算法框架构造了ALR模型,经过线性化处理,将问题分解并得到一系列单辆车的最短路径子问题,以及运用前向动态规划算法进行求解。在算例测试部分,首先构建了7点网络的小规模测试算例,基于数值实验结果分析了关键参数的影响。实验结果表明,充电速率、耗电率、最小剩余电量阈值和电池容量、充电站承载容量和充电站数量等参数都会影响电动物流车辆的最优路径和充电方案。为了探究客户取送服务顺序对路径优化和耗电成本的影响,设置了"先送后取"和"取送分开"服务模式作为对比。最后,基于北京亦庄路网构建测试算例,实验结果表明ADMM算法比拉格朗日松弛算法的计算效率更高。

第6章 充电站选址-车辆路径协同优化问题研究

本章在上一章的基础上充分考虑充电站选址和路径决策之间紧密的相互依赖关系,提出考虑充电策略和客户服务时间窗的充电站选址-车辆路径协同优化问题(Electric Location Routing Problem with Time Window and Recharging Strategy, ELRPTW-RS)。本章继续运用扩展的时空状态网络建模框架,通过设置充电站选址决策变量和充电站承载容量约束条件,建立车辆的时空状态变量和选址变量之间的耦合关系,设计了双层分解算法框架来对 ELRPTW-RS 问题进行求解。在给定充电站建设预算的条件下,对充电站选址、车辆路径以及充电方案进行协同优化,为优化电动物流系统资源配置提供战略决策支持。

本章 6.1 节提出了充电站选址-车辆路径协同优化问题,并对问题结构进行了分析。6.2 节对 ELRPTW-RS 问题进行描述,并建立了 0-1 整数规划模型。6.3 节设计了基于拉格朗日松弛和交替方向乘子法的双层分解算法。6.4 节基于 9 点网络、Sioux Falls 网络和 West Jordan 网络构建算例,验证了算法的有效性。6.5 节总结了本章的主要研究内容和意义。

6.1 问题提出

电动汽车的推广应用与充电设施的建设之间存在密切的相互作用关系。一方面,充电设施的低覆盖率会限制消费需求;另一方面,电动汽车的低渗透率对充电设施的投资价值也有负面影响[241]。充电设施的合理布局有助于优化充电设施的覆盖范围,缓解电动汽车司机的"里程焦虑"[173]。为了保证电力资源在物流配送网络上的合理分配,学者们提出了充电站选址-路径问题(Electric Location Routing

Problem,ELRP),不仅可以从宏观规划的角度对充电基础设施进行合理布局,还可以与车辆路径与充电策略的优化相结合,保证电动物流系统的服务效率。

本章在前文研究的基础上提出了考虑充电站选址、部分充电策略和客户服务需求的 ELRPTW-RS 问题,在给定充电站建设预算和路网结构的条件下,对充电站选址、车辆路径以及充电方案进行协同优化。该问题全面考虑了充电站建设预算、充电站承载容量、车辆承载能力、电池容量、客户服务时间窗等约束,在充电基础设施规划阶段考虑到后续运营阶段的客户服务需求和充电策略,因此不仅可以优化物流基础设施布局,还能保证电动物流系统的服务效率和能源利用效率。

6.2 问题描述与模型构建

6.2.1 问题描述

充电站的位置会影响电动物流车辆的行驶路径。如图 6-1 所示,车辆中途需要在充电站补充电量,调整充电站位置后,车辆的最优路径发生改变,绕行距离有所缩短。因此,合理的充电站选址方案有助于提高电动物流系统的服务效率。本章提出的 ELRPTW-RS 问题是对充电站选址和电动物流车辆路径进行协同优化。为了求解 ELRPTW-RS 问题,一方面,从宏观物流网络设计的角度,在保证不超过总建设预算的情况下,需要从充电站候选点中选择合适的位置设立充电站,即解决充电站选址子问题;另一方面,从电动物流系统运营的角度,考虑采用部分充电策略,已知充电站的位置和承载容量、客户服务需求和服务时间窗限制,需要对电动物流车辆的行驶路径和充电方案进行优化[242]。

为了进一步简化 ELRPTW-RS 问题,本章做出如下假设。

(1) 配送中心车辆充足,每辆电动车从配送中心出发时处于空载状态,完成任务后返回原配送中心;

(2) 电动物流车辆行驶过程中耗电速率固定,即耗电量与行驶时间满足线性关系,与车辆行驶速度、载货状态和电池电量状态无关;

(3) 电动物流车辆配送过程中剩余可用电量不断降低,当电池剩余电量低于

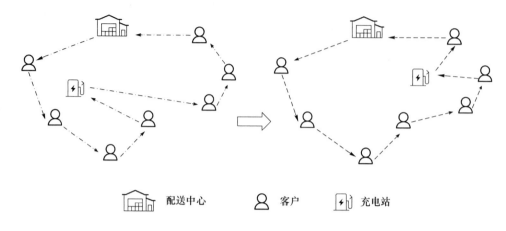

图 6-1 充电站位置对电动物流车辆路径方案的影响

最小阈值时需补充电量,用于支持其服务剩余的客户,并返回配送中心;

(4)电动物流车辆在充电站充电时的充电速率固定,电池的电量状态与充电时间满足线性关系;

(5)只能从已知的充电站候选点中选择设立充电站的位置,不能在路网的其他节点处设充电站;

(6)充电站的承载容量是有限的,每辆车只能选择在有剩余服务能力的充电站补充电量,不考虑在充电站排队等待充电;

(7)车辆在路网关键节点之间保持匀速行驶,不考虑道路网络交通状态的变化。

6.2.2 时空状态网络的构建

本章采用扩展的时空状态网络框架对 ELRPTW-RS 问题进行建模。按与 5.2.2 小节相似的方式构建时空状态网络。考虑客户服务时间窗、车辆承载能力、电池容量和客户服务需求等约束,结合时间、电量消耗和电量补充的更新过程,通过提前剔除不可行的时空状态弧,可以有效缩减算法的搜索空间,保证求解效率,具体规则如下。

(1)客户服务时间窗:客户服务时间 t 必须在客户 c 的服务时间窗 $[t_e^c, t_f^c]$ 内,即 $t_e^c \leqslant t \leqslant t_f^c$。

（2）车辆承载能力：任意时刻车辆载货状态 s 不能超过车辆的承载能力 cap_v，即 $0 \leqslant s \leqslant cap_v$。

（3）电池容量：任意时刻电池的剩余可用电量状态 e 不低于最小剩余电量阈值 $MinC_v$，且不超过电池容量 $MaxC_v$，即 $MinC_v \leqslant e \leqslant MaxC_v$。

（4）客户服务需求：车辆访问客户后，其载货状态发生变化，且载重变化量不超过该客户的服务需求量，即 $|s'-s| \leqslant |n_c|$。

（5）时间更新：对于任意时空状态弧 $(i,j,t,t',s,s',e,e') \in A$，时间 t 和 t' 的关系满足 $t' = t + T_{i,j,t}$。

（6）电量消耗更新：对于任意运输弧 $(i,j,t,t',s,s',e,e') \in \Psi_T$，剩余电量状态 e 和 e' 的关系满足 $e' = e - \kappa_v \cdot T_{i,j,t}$。

（7）电量补充更新：对于任意充电弧 $(i,j,t,t+1,s,s',e,e') \in \Psi_R$，剩余电量状态 e 和 e' 的关系满足 $e' = e + \gamma_r$。

6.2.3 充电站选址-路径协同优化模型

本章基于时空状态网络建立 ELRPTW-RS 问题的数学模型，相关的建模符号说明见表 6-1。

表 6-1 ELRPTW-RS 问题建模符号说明

符号	含义
N	物理网络节点集合
L	物理网络中有向弧的集合
T	离散时间点的集合
R	充电站候选点集合
S	车辆载货状态值的集合
E	电池电量状态值的集合
V	电动物流车辆集合
C	客户集合
A_v	车辆 v 对应的时空状态弧集合
$\Psi_{c,v}$	车辆 v 在客户 c 处的服务弧集合，$\Psi_{c,v} \subseteq A_v$
$\Psi_{r,v}$	车辆 v 在充电站 r 处的充电弧集合，$\Psi_{r,v} \subseteq A_v$
i,j,j',j''	物理网络中节点的序号，$i,j,j',j'' \in N$

续 表

符号	含义
(i,j)	物理网络中弧的序号,$(i,j)\in L$
t,t',t''	离散时间点的序号,$t,t',t''\in T$
v,v'	车辆序号,$v,v'\in V$
c	客户序号,$c\in C$
r	充电站候选点序号,$r\in R$
s,s',s''	车辆载货状态值,$s,s',s''\in S$
e,e',e''	剩余电量状态值,$e,e',e''\in E$
$(i,t),(j,t')$	时空点序号
(i,j,t,t')	时空弧序号
$(i,t,s,e),(j,t',s',e')$	时空状态点
(i,j,t,t',s,s',e,e')	时空状态弧
a	时空状态弧(i,j,t,t',s,s',e,e')的缩写
o	配送中心节点
t_o^v	车辆v从配送中心o出发的时间
s_o^v	车辆v从配送中心o出发时的初始载货量
e_o^v	车辆v从配送中心o出发时的初始电量
$t_o^{v'}$	车辆v返回配送中心o的时间
$s_o^{v'}$	车辆v返回配送中心o时的载货量
$e_o^{v'}$	车辆v返回配送中心o时的剩余电量
$MinC_v$	车辆v的最小剩余电量阈值
$MaxC_v$	车辆v的电池容量
cap_v	车辆v的最大承载能力
n_c	客户c的取货需求($n_c>0$)或送货需求($n_c<0$)
φ_r	在候选点r设立充电站的承载容量,即最多可允许同时充电的车辆数量
γ_r	在候选点r设立充电站的充电速率,即每个时间间隔的充电量
κ_v	车辆v的耗电率,即每个时间间隔的耗电量
B	充电站总建设预算
f_r	在候选点r设立充电站的固定成本
$[t_e^c,t_l^c]$	客户c的服务时间窗,其中t_e^c是最早可服务客户c的时间点,t_l^c是最晚可服务客户c的时间点
$c_{i,j,t,t',s,s',e,e'}$	弧(i,j,t,t',s,s',e,e')的成本
$T_{i,j,t}$	t时刻通过有向弧(i,j)需要的时间
$x_{i,j,t,t',s,s',e,e'}^v$	若车辆v经过弧(i,j,t,t',s,s',e,e'),取值为1;否则取值为0
y_r	若在候选点r上设立充电站,取值为1;否则取值为0

ELRPTW-RS 问题需要确定设立充电站的位置,因此在前文的基础上增加充电站选址决策变量 y_r。时空状态弧变量 $x^v_{i,j,t,t',s,s',e,e'}$ 用于确定电动物流车辆路径和充电方案。基于扩展的时空状态网络,构建充电站选址-路径协同优化模型,具体如下:

$$\min L = \sum_{v \in V} \sum_{(i,j,t,t',s,s',e,e') \in A_v} c_{i,j,t,t',s,s',e,e'} \times x^v_{i,j,t,t',s,s',e,e'} \quad (6\text{-}1)$$

$$\sum_{j,t',s',e':(i,j,t,t',s,s',e,e') \in A_v} x^v_{i,j,t,t',s,s',e,e'} = 1,$$
$$\forall v \in V, i = o, t = t^v_e, s = s^v_o, e = e^v_o \quad (6\text{-}2)$$

$$\sum_{i,t,s,e:(i,j,t,t',s,s',e,e') \in A_v} x^v_{i,j,t,t',s,s',e,e'} = 1,$$
$$\forall v \in V, j = o, t' = t^{v'}_o, s' \in S, e' \in E \quad (6\text{-}3)$$

$$\sum_{(j'',t'',s'',e'')} x^v_{i,j'',t,t'',s,s'',e,e''} - \sum_{(j',t',s',e')} x^v_{j',i,t',t,s',s,e',e} = 0$$
$$(i,t,s,e) \notin \{(o,t^v_o,s^v_o,e^v_o),(o,t^{v'}_o,s^{v'}_o,e^{v'}_o)\}, \forall v \in V \quad (6\text{-}4)$$

$$\sum_{v \in V} \sum_{(i,j,t,t',s,s',e,e') \in \Psi_{c,v}} x^v_{i,j,t,t',s,s',e,e'} \times (s'-s) = n_c, \quad \forall c \in C \quad (6\text{-}5)$$

$$\sum_{v \in V} \sum_{(i_r,i_r,t,t+1,s,s',e,e') \in \Psi_{r,v}} x^v_{i_r,i_r,t,t+1,s,s',e,e'} \leqslant \varphi_r \times y_r, \quad \forall r \in R, \forall t \in T \quad (6\text{-}6)$$

$$\sum_{r \in R} b_r \times y_r \leqslant B \quad (6\text{-}7)$$

$$x^v_{i,j,t,t',s,s',e,e'} \in \{0,1\}, \quad \forall (i,j,t,t',s,s',e,e') \in A_v, \forall v \in V \quad (6\text{-}8)$$

$$y_r \in \{0,1\}, \forall r \in R \quad (6\text{-}9)$$

式(6-1)是目标函数,在有限的建设预算内最小化总配送成本。式(6-2)、式(6-3)和式(6-4)是流平衡约束,保证任意车辆对应的弧能连成一条路径,其中式(6-2)确保车辆从配送中心出发,式(6-3)确保车辆最终返回配送中心,式(6-4)确保车辆行驶路径上任意中间节点的流入流量和流出流量相等。式(6-5)保证每个客户的服务需求被满足。式(6-6)是时空状态弧变量 $x^v_{i,j,t,t',s,s',e,e'}$ 与充电站选址变量 y_r 之间的耦合约束条件,保证任意时刻任意充电站上正在充电的车辆总数不超过充电站的承载容量。式(6-7)是充电站建设总预算约束条件。式(6-8)和式(6-9)是 0-1 变量约束。通过对 ELRPTW-RS 问题的求解,可以同时确定充电站选址、电动物流车辆路径及充电优化方案。

6.3 求解方法

6.3.1 双层分解框架

本章提出的 ELRPTW-RS 问题结构较为复杂,可以划分为宏观规划层面上的充电站选址问题和运营层面上的电动物流车辆路径优化问题进行求解,如图 6-2 所示。考虑到 ELRPTW-RS 问题中充电站选址决策变量和车辆路径决策变量之间复杂的耦合关系,本节构建一个基于拉格朗日松弛法(LR)和交替方向乘子法(ADMM)的 LR-ADMM 双层分解算法框架。

第一层 LR 分解:把耦合约束条件[式(6-6)]松弛到目标函数[式(6-1)]中,构建 LR 模型,进一步可以分解为充电站选址子问题(Ly)和电动物流车辆路径子问题(Rx)。Ly 问题属于背包问题,需要在总建设预算固定的情况下确定设置充电站的数量和位置,采用动态规划算法进行求解。

第二层 ADMM 分解:进一步把电动物流车辆路径子问题(Rx)分解为若干简单易求解的单辆车最短路径子问题 $SRx_1, SRx_2, \cdots, SRx_n$,从而实现对充电站选址、车辆路径以及充电策略的协同优化。把客户服务需求约束[式(6-5)]松弛到子问题 Rx 的目标函数中,构建增广拉格朗日松弛模型。在块坐标下降的框架中嵌入前向动态规划算法来求解子问题 $SRx_1, SRx_2, \cdots, SRx_n$。

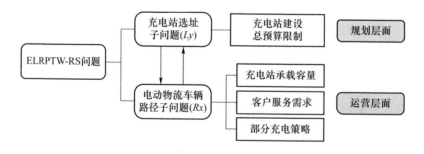

图 6-2 ELRPTW-RS 问题的结构

充电站选址子问题 Ly 和电动物流车辆路径子问题 Rx 存在密切的联动关系。采用 LR-ADMM 双层分解算法求解子问题 Rx 和 Ly 的迭代过程如图 6-3 所示,

第 k 次迭代计算得到 Ly 子问题的充电站选址方案 y_r，暂时固定该选址方案，求解 Rx 子问题的路径优化方案；基于 Rx 子问题的优化方案，更新拉格朗日乘子 $\lambda_{r,t}$，用于第 $k+1$ 次迭代求解 Ly 子问题。每次迭代，为了求解其中某个子问题，需要暂时固定另一个子问题的优化方案，即从候选点中确定充电站位置后，可以优化对应的电动物流车辆路径和充电方案；同时更新后的车辆路径和充电方案可以进一步用来优化充电站的选址。

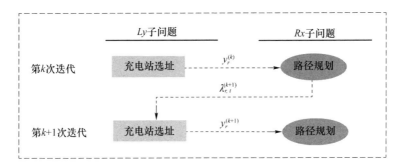

图 6-3　采用 LR-ADMM 算法求解子问题的迭代过程

针对 ELRPTW-RS 问题构建 LR 模型和 ALR 模型。为了使模型更简洁，用 a 表示弧 (i,j,t,t',s,s',e,e')，目标函数〔式(6-1)〕可以简化为式(6-10)。

$$\min L = \sum_{v \in V} \sum_{a \in A_v} c_a x_a^v \tag{6-10}$$

把耦合约束条件〔式(6-6)〕松弛到式(6-10)所示的目标函数中构建 LR 模型，如式(6-11)所示，$\lambda_{r,t}$ 是充电站承载容量约束对应的拉格朗日乘子。

$$\min L = \sum_{v \in V} \sum_{a \in A_v} c_a x_a^v + \sum_{r \in R}' \sum_{v \in V} \sum_{a \in \Psi_{r,v}} \lambda_{r,t} \times (x_a^v - \varphi_r \times y_r) \tag{6-11}$$

为了求解该模型，按变量 x_a^v 和 y_r 合并同类项，可进一步转化为式(6-12)、式(6-13)和式(6-14)。其中式(6-13)是电动物流车辆路径子问题(Rx)的目标函数，式(6-14)是充电站选址子问题(Ly)的目标函数。

$$\min L_\rho = f(x) - g(y) \tag{6-12}$$

$$f(x) = \sum_{v \in V} \sum_{a \in A_v} c_a x_a^v + \sum_{r \in R} \sum_{v \in V} \sum_{a \in \Psi_{r,v}} \lambda_{r,t} x_a^v \tag{6-13}$$

$$g(y) = \sum_{r \in R} \sum_{v \in V} \sum_{a \in \Psi_{r,v}} \lambda_{r,t} \times \varphi_r \times y_r \tag{6-14}$$

子问题 Ly：

$$\max g(y) = \sum_{r \in R} \lambda_{r,t} \times \varphi_r \times y_r \qquad (6\text{-}15)$$

约束条件:充电站建设总预算约束[式(6-7)],0-1变量约束[式(6-9)]。

子问题 Rx:

$$\min f(x) = \sum_{v \in V} \sum_{a \in A_v} c_a x_a^v + \sum_{r \in R} \sum_{v \in V} \sum_{a \in \Psi_{r,v}} \lambda_{r,t} x_a^v \qquad (6\text{-}16)$$

约束条件:流平衡约束[式(6-2)、式(6-3)和式(6-4)],客户服务需求约束[式(6-5)],0-1变量约束[式(6-8)]。

车辆通过客户服务弧 a 的载货状态变化量 $s'-s$ 定义为 $l(a)$。客户服务需求约束[式(6-5)]可以转换为式(6-17)。

$$\sum_{v \in V} \sum_{a \in \Psi_{c,v}} x_a^v \times l(a) = n_c, \quad \forall c \in C \qquad (6\text{-}17)$$

把式(6-17)所示的约束松弛到子问题 Rx 的目标函数[式(6-16)]中,构建 LR 模型,如式(6-18)所示。进一步增加二次惩罚项,构造 ALR 模型,如式(6-19)所示。式中,λ_c^l 是客户服务需求约束对应的拉格朗日乘子,ρ^l 是客户服务需求约束对应的惩罚参数。

LR 模型:

$$\min f(x) = \sum_{v \in V} \sum_{a \in A_v} c_a x_a^v + \sum_{r \in R} \sum_{v \in V} \sum_{a \in \Psi_{r,v}} \lambda_{r,t} x_a^v +$$
$$\sum_{c \in C} \sum_{v \in V} \sum_{a \in \Psi_{c,v}} \lambda_c^l \times (x_a^v \times l(a) - n_c) \qquad (6\text{-}18)$$

约束条件:流平衡约束[式(6-2)、式(6-3)、式(6-4)],0-1变量约束[式(6-8)]。

ALR 模型:

$$\min f(x)_\rho = \sum_{v \in V} \sum_{a \in A_v} c_a x_a^v + \sum_{r \in R} \sum_{v \in V} \sum_{a \in \Psi_{r,v}} \lambda_{r,t} x_a^v +$$
$$\sum_{c \in C} \sum_{v \in V} \sum_{a \in \Psi_{c,v}} \lambda_c^l \times (x_a^v \times l(a) - n_c) +$$
$$\frac{\rho^l}{2} \times \sum_{c \in C} \Big(\sum_{v \in V} \sum_{a \in \Psi_{c,v}} x_a^v \times l(a) - n_c \Big)^2 \qquad (6\text{-}19)$$

约束条件:流平衡约束[式(6-2)、式(6-3)、式(6-4)],0-1变量约束[式(6-8)]。

由于二次惩罚项的增加,ALR 模型无法直接按车辆进行分解。本章采用多子块 ADMM 框架将 ALR 模型划分为一系列非线性单辆车对应的子模型,并对其进行线性化处理。在每个子模型中,除车辆 v 的路径决策变量外,其他车辆的路径变量是已知且固定的。辅助变量 δ_c^v 表示客户 c 被除车辆 v 之外其他车辆服务的总需求量，如式(6-20)所示。ALR 模型的目标函数〔式(6-19)〕进一步被分解为一系列单辆车子模型的目标函数，如式(6-21)。

$$\delta_c^v = \sum_{v' \in V\setminus\{v\}} \sum_{a \in \Psi_{c,v'}} x_a^{v'} \times l(a), \quad \forall c \in C \tag{6-20}$$

车辆 v 对应的子模型：

$$\min f(x)_{\rho,v} = \sum_{a \in A_v} c_a x_a^v + \sum_{r \in R} \sum_{a \in \Psi_{r,v}} \lambda_{r,t} x_a^v +$$
$$\sum_{c \in C} \sum_{a \in \Psi_{c,v}} \lambda_c^l \times (x_a^v \times l(a) - n_c) +$$
$$\frac{\rho^l}{2} \times \sum_{c \in C} \Big(\sum_{a \in \Psi_{c,v}} x_a^v \times l(a) + \delta_c^v - n_c\Big)^2 \tag{6-21}$$

约束条件：流平衡约束〔式(6-2)、式(6-3)、式(6-4)〕，0-1 变量约束〔式(6-8)〕。

由于变量 x_a^v 是 0-1 变量，式(6-21) 中项 $\Big(\sum_{a \in \Psi_{c,v}} x_a^v \times l(a) + \delta_c^v - n_c\Big)^2$ 展开之后的二次项 $\Big(\sum_{a \in \Psi_{c,v}} x_a^v \times l(a)\Big)^2$ 可以进一步化简为 $\sum_{a \in \Psi_{c,v}} x_a^v \times (l(a))^2$，推导过程如式(6-22) 所示，式(6-21) 所示的目标函数可以进一步化简为式(6-23)。

$$\Big(\sum_{a \in \Psi_{c,v}} x_a^v \times l(a) + \delta_c^v - n_c\Big)^2$$
$$= \Big(\sum_{a \in \Psi_{c,v}} x_a^v \times l(a)\Big)^2 + 2 \times \Big(\sum_{a \in \Psi_{c,v}} x_a^v \times l(a)\Big) \times (\delta_c^v - n_c) + (\delta_c^v - n_c)^2$$
$$= \sum_{a \in \Psi_{c,v}} x_a^v \times (l(a))^2 + 2 \times \Big(\sum_{a \in \Psi_{c,v}} x_a^v \times l(a)\Big) \times (\delta_c^v - n_c) + (\delta_c^v - n_c)^2$$
$$= [(l(a))^2 + 2 \times l(a) \times (\delta_c^v - n_c)] \sum_{a \in \Psi_{c,v}} x_a^v + (\delta_c^v - n_c)^2 \tag{6-22}$$

$$\min f(x)_{\rho,v} = \sum_{a \in A_v} c_a x_a^v + \sum_{r \in R} \sum_{a \in \Psi_{r,v}} \lambda_{r,t} x_a^v +$$
$$\sum_{c \in C} \sum_{a \in \Psi_{c,v}} \lambda_c^l \times (x_a^v \times l(a) - n_c) +$$
$$\frac{\rho^l}{2} \times \sum_{c \in C} [(l(a))^2 + 2 \times l(a) \times (\delta_c^v - n_c)] \sum_{a \in \Psi_{c,v}} x_a^v +$$
$$\frac{\rho^l}{2} \times \sum_{c \in C} (\delta_c^v - n_c)^2 \tag{6-23}$$

对于单辆车的子问题 SRx 而言，δ_c^v 是已知常数项，因此 $\frac{\rho^l}{2} \times \sum_{c \in C} (\delta_c^v - n_c)^2$ 不

影响优化结果,式(6-23)所示的目标函数可以进一步化简为线性目标函数,如式(6-24)所示。

$$\min f(x)_{\rho,v} = \sum_{a \in A_v} c_a x_a^v + \sum_{r \in R} \sum_{a \in \Psi_{r,v}} \lambda_{r,t} x_a^v + \lambda_c^l \times l(a) \sum_{c \in C} \sum_{a \in \Psi_{c,v}} x_a^v +$$
$$\frac{\rho^l}{2} \times [(l(a))^2 + 2 \times l(a) \times (\delta_c^v - n_c)] \sum_{c \in C} \sum_{a \in \Psi_{c,v}} x_a^v \quad (6\text{-}24)$$

通过求解每辆车对应的最短路径子模型〔目标函数为式(6-24),约束条件为式(6-2)、式(6-3)、式(6-4)和式(6-8)〕,可以计算 ELRPTW-RS 问题的下界解。由于在第一层的 LR 分解中松弛了充电承载容量约束,因此得到的下界解中可能存在充电车辆数量超出充电站实际承载容量的解。

式(6-24)所示的目标函数可以化简为式(6-25),其中 $\hat{c}_a^v$ 表示时空状态弧成本,具体如式(6-26)所示。时空状态弧成本 $\hat{c}_a^v$ 与拉格朗日乘子 $\lambda_{r,t}$ 和 λ_c^l、惩罚参数 ρ^l 和参数 δ_c^v 有关。

$$\min f(x)_{\rho,v} = \sum_{a \in A_v} \hat{c}_a^v x_a^v \quad (6\text{-}25)$$

$$\hat{c}_a^v = \begin{cases} c_a + \lambda_c^l \times l(a) + \dfrac{\rho^l}{2} \times [(l(a))^2 + 2 \times l(a) \times ((\delta)_c^v - n_c)], & a \in \Psi_{c,v} \\ c_a + \lambda_{r,t}, & a \in \Psi_{r,v} \\ c_a, & \text{其他} \end{cases} \quad (6\text{-}26)$$

为了获得 ELRPTW-RS 问题的上界可行解,求解 Rx 子问题时应该考虑充电站承载容量约束〔式(6-6)〕。基于充电站位置方案 y_r,只需把客户服务需求约束〔式(6-17)〕松弛到目标函数中,增加二次惩罚项,构建计算上界解的 ALR 模型,其目标函数如式(6-27)所示,并保留充电站承载容量约束〔式(6-6)〕,可以在多子块 ADMM 的框架下进行求解。λ_c^u 是计算上界解时客户服务需求约束对应的拉格朗日乘子,ρ^u 是计算上界解时客户服务需求约束对应的惩罚参数。

计算上界解的 ALR 模型:

$$\min f(x)_\rho = \sum_{v \in V} \sum_{a \in A_v} c_a \times x_a^v + \sum_{c \in C} \sum_{v \in V} \sum_{a \in \Psi_{c,v}} \lambda_c^u \times (x_a^v \times l(a) - n_c) +$$
$$\frac{\rho^u}{2} \times \sum_{c \in C} \left(\sum_{v \in V} \sum_{a \in \Psi_{c,v}} x_a^v \times l(a) - n_c \right)^2 \quad (6\text{-}27)$$

约束条件:流平衡约束〔式(6-2)、式(6-3)、式(6-4)〕,充电站承载容量约束

[式(6-6)],0-1变量约束[式(6-8)]。

单辆车对应的子模型目标函数可以简化为式(6-28),其中 $\tilde{c}_a^v$ 表示时空状态弧成本,具体如式(6-29)所示。由于计算上界解时并没有松弛约束条件[式(6-6)],所以式(6-29)中没有拉格朗日乘子 $\lambda_{r,t}$。时空状态弧成本 $\tilde{c}_a^v$ 与拉格朗日乘子 λ_c^u、惩罚参数 ρ^u 以及 δ_c^v 有关。每次迭代求解单辆车对应的最短路径子问题之前需要按式(6-29)对时空状态弧成本进行更新,导致不同车辆的客户服务弧成本不同,这样可以破除不同车辆之间的对称性,进而提高 ADMM 算法的性能。

$$\min f(x)_{\rho,v} = \sum_{a \in A_v} \tilde{c}_a^v x_a^v \tag{6-28}$$

$$\tilde{c}_a^v = \begin{cases} c_a + \lambda_c^u \times l(a) + \dfrac{\rho^u}{2} \times [(l(a))^2 + 2 \times l(a) \times (\delta_c^v - n_c)], & a \in \Psi_{c,v} \\ c_a, & \text{其他} \end{cases} \tag{6-29}$$

约束条件:流平衡约束[式(6-2)、式(6-3)、式(6-4)],充电站承载容量约束[式(6-6)],0-1变量约束[式(6-8)]。

6.3.2 LR-ADMM 算法

LR-ADMM 双层分解框架如图 6-4 所示,具体步骤如算法 6-1 所示。Step 1,对算法进行初始化。Step 2,第 k 次迭代,松弛充电站承载容量约束,构建子问题 Rx 的 ALR 模型。采用 DP 算法依次求解单辆车的最短路径子模型,每次迭代按式(6-26)对时空状态弧成本 $\hat{c}_a^v$ 进行更新。Step 3,计算下界解和最优下界 LB*。Step 4,采用 DP 算法求解充电站选址问题 Ly(0-1 背包问题)。计算下界解时更新的拉格朗日乘子 $\lambda_{r,t}^{(k)}$ 用于优化充电站的选址,得到的充电站选址方案 $y_r^{(k)}$ 用于计算上界解。Step 5,考虑充电站承载容量约束,构建计算上界解的 ALR 模型。采用 DP 算法求解单辆车的最短路径子模型,每次迭代按式(6-29)对时空状态弧成本 $\tilde{c}_a^v$ 进行更新。Step 6,计算上界解和最优上界 UB*。Step 7,计算最优上界 UB* 和最优下界 LB* 之间的 Gap,评估解的质量。Step 8,如果满足终止条件,输出充电站选址、车辆路径和充电优化方案,包括 UB*、LB*、Gap 和最优上界解;否则进入下一次迭代。Step 9,采用次梯度方法更新拉格朗日乘子 $\lambda_{r,t}$、λ_c^l 和 λ_c^u,用于第 $k+1$ 次迭代计算。

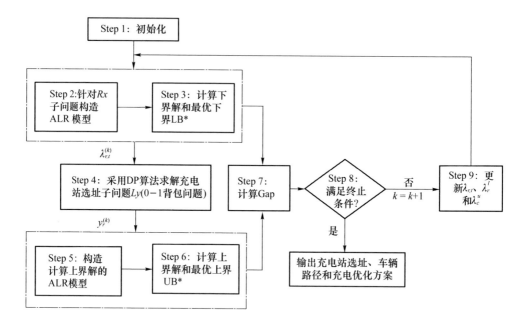

图 6-4　LR-ADMM 双层分解框架

算法 6-1 LR-ADMM 算法

Step 1：算法初始化。

  初始化迭代数 $k=0$；

  初始化拉格朗日乘子 $\lambda_{r,t}^{(0)}$, $\lambda_c^{l(0)}$, $\lambda_c^{u(0)}$ 和惩罚参数 ρ^l, ρ^u；

  初始化下界解 $\{x_{LB}^0\}$ 和上界解 $\{x_{UB}^0\}$；

  初始化充电站选址方案 $y_r^{(0)}$；

  初始化最优下界 LB* 和最优上界 UB*。

Step 2：针对 Rx 问题构造 ALR 模型，依次求解单辆车的最短路径子模型。

  松弛耦合约束条件[式(6-6)]，构建 ALR 模型，其中目标函数为式(6-19)，流平衡约束为式(6-2)、式(6-3)、式(6-4)，0-1 变量约束为式(6-8)。

  For 每辆电动车 $v \in V$：

    For 每位客户 $c \in C$：

      根据式(6-26)更新时空状态弧成本 $\hat{c}_a^v$；

续

采用 DP 算法,找到车辆 v 的最短路径,即求解车辆 v 对应的 ALR 子模型,其中目标函数为式(6-24),约束条件为式(6-2)、式(6-3)、式(6-4)、式(6-8)。

  End for

 End for

Step 3:生成下界解,并计算下界值 $LB^{(k)}$。

 Step 3.1:生成下界解 $\{x_{LB}^k\}$。

 采用 Step 2 得到的车货分配方案,计算下界解:

  For 每位客户 $c \in C$:

   If 存在部分取货和送货需求被多辆车服务,then 仅指派一辆电动车完成服务即可;

   If 存在部分取货或送货需求没有被服务,then 重新指派一辆电动车完成服务。

  End for

 Step 3.2:基于下界解 $\{x_{LB}^k\}$ 计算下界值 $LB^{(k)}$,并按 $LB^* = \max\{LB^*, LB^{(k)}\}$ 更新最优下界值 LB^*。

Step 4:求解充电站选址子问题 Ly。

 结合 Step 3 更新的拉格朗日乘子 $\lambda_{r,t}^{(k)}$,运用 DP 算法求解背包问题,得到充电站选址方案 $y_r^{(k)}$。

Step 5:构建计算上界解的 ALR 模型,依次求解单辆车的最短路径子模型。

 Step 4 更新后的充电站选址方案 $y_r^{(k)}$ 已知且固定,构建计算上界解的 ALR 模型,其中目标函数为式(6-27),流平衡约束为式(6-2)、式(6-3)、式(6-4),充电站承载容量约束为式(6-6),0-1 变量约束为式(6-8)。

 For 每辆电动车 $v \in V$:

  For 每位客户 $c \in C$:

   根据式(6-29)更新时空状态弧成本 $\tilde{c}_a^v$;

   采用 DP 算法,找到车辆 v 的最短路径,即求解车辆 v 对应的 ALR 子模型,其中目标函数为式(6-28),约束条件为式(6-2)、式(6-3)、式(6-4)、式(6-6)、式(6-8)。

  End for

 End for

Step 6:生成上界解,并计算上界值 $UB^{(k)}$。

 Step 6.1:生成上界解 $\{x_{UB}^k\}$。

 采用 Step 5 得到的车货分配方案,计算上界解:

  For 每位客户 $c \in C$:

   If 存在部分取货或送货需求被多辆车服务,then 仅指派一辆电动车完成服务即可;

   If 存在部分取货或送货需求没有被服务,then 重新指派一辆电动车完成服务。

  End for

 Step 6.2:基于上界解 $\{x_{UB}^k\}$,计算上界值 $UB^{(k)}$,按 $UB^* = \min\{UB^*, UB^{(k)}\}$ 更新最优上界值 UB^*。

续

Step 7:计算最优间隙。

根据 $Gap=(UB^*-LB^*)/LB^*\times100\%$ 计算最优间隙 $Gap^{(k)}$,评估解的质量。

Step 8:算法终止条件检验。

若迭代次数 k 达到预设值 K,终止算法,输出 LB^*,UB^*,Gap 以及最优上界解;否则返回 Step 2,$k=k+1$,继续迭代。

Step 9:更新拉格朗日乘子。

采用次梯度方法,更新拉格朗日乘子,用于第 $k+1$ 次迭代计算。具体如下:

更新步长 $\theta^{(k)}=1/(k+1)$;

$$\lambda_{r,t}^{(k+1)} := \lambda_{r,t}^{(k)} + \theta^{(k)}\left(\sum_{v\in Va}\sum_{\in\Psi_{r,v}} x_a^v - \varphi_r \times y_r^{(k)}\right);$$

$$\lambda_c^{l(k+1)} := \lambda_c^{l(k)} + \rho^{l(k)}\left(\sum_{v\in Va}\sum_{\in\Psi_{c,v}} x_a^v \times l(a) - n_c\right);$$

$$\lambda_c^{u(k+1)} := \lambda_c^{u(k)} + \rho^{u(k)}\left(\sum_{v\in Va}\sum_{\in\Psi_{c,v}} x_a^v \times l(a) - n_c\right)。$$

6.4 算 例 分 析

本节基于 9 点网络、Sioux Falls 网络和 West Jordan 网络构建算例,验证 LR-ADMM 算法的有效性。算法执行的硬件环境为 Intel(R) CPU(TM) i7-7700 CPU @ 3.60 GHz,内存为 16 GB。软件环境为 Windows 10 系统,使用 Python 编写求解算法。

6.4.1 9点网络算例分析

本小节构建 9 点网络算例,对 LR-ADMM 算法进行测试,如图 6-5 所示。该算例共设有 6 个客户,需要取回 18 件货物。节点 2、节点 7 和节点 9 是充电站候选点。每个充电站的承载容量设为 $\varphi_r=2$,总建设预算设为 $B=2$,每个充电站的建设成本是 $f_r=1$,充电速率设为 $\gamma_r=8$。车辆的承载能力设为 $cap_v=6$,最小剩余电量阈值设为 $MinC_v=2$,电池容量设为 $MaxC_v=10$,耗电率设为 $\kappa_v=2$。车辆从配送中心出发时处于空载和满电状态,即初始状态向量 $[s_o,e_o]$ 为 $[0,10]$。

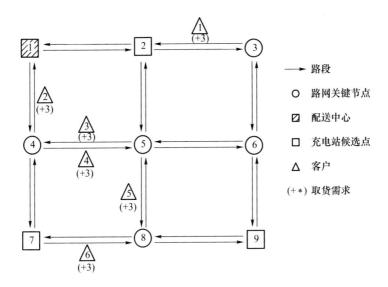

图 6-5　9 点网络

求解得到的充电站选址方案是在节点 2 和节点 9 处设立充电站,对应的电动物流车辆路径和充电优化方案见表 6-2。以车辆 v_3 为例,车辆行驶过程中位置、载货状态和剩余电量状态随时间变化的过程如图 6-6 所示。从图中可以看出车辆行驶的过程中剩余可用电量不断下降,在节点 9 完成充电后,车辆再次恢复至满电状态;每次访问客户之后,载货量增大。

表 6-2　电动物流车辆路径和充电优化方案

车辆	优化路径	总时间成本	总能量消耗	充电站位置	充电时间	补充电量
v_1	1→4→5→8→9→8→5→4→1	11	16	节点9	1	8
v_2	1→4→5→2→5→4→1	9	12	节点2	1	8
v_3	1→4→7→8→9→6→3→2→1	11	16	节点9	1	8

6.4.2　Sioux Falls 网络算例分析

本小节基于 Sioux Falls 网络构建测试算例,实验设置如图 6-7 所示。该算例共设有 8 个客户,需要取回 24 件货物。节点 6、节点 8、节点 13、节点 15 和节点 22

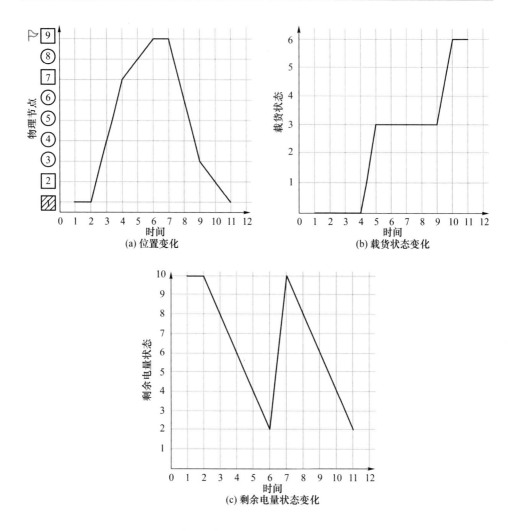

图 6-6 电动物流车辆的位置和状态随时间变化的过程

是充电站候选点。基本实验参数设置为 $\varphi_r=2$、$B=15$、$f_r=5$、$cap_v=6$、$MaxC_v=30$、$MinC_v=3$、$\gamma_r=10$ 和 $\kappa_v=1$。车辆从配送中心出发时处于空载和满电状态,即初始状态向量 $[s_o,e_o]$ 为 $[0,30]$。

LR-ADMM 算法迭代 2 次收敛。充电站选址优化方案是从 5 个候选位置点中选择节点 8 和节点 15 分别设立充电站 r_1 和 r_2,对应的电动物流车辆路径和充电优化方案见表 6-3,总耗电量是 148。车辆 v_1 在充电站 r_2 的充电时间为 $[25,26]$,车辆 v_2 在充电站 r_1 的充电时间为 $[27,29]$,车辆 v_3 在充电站 r_2 的充电时间为

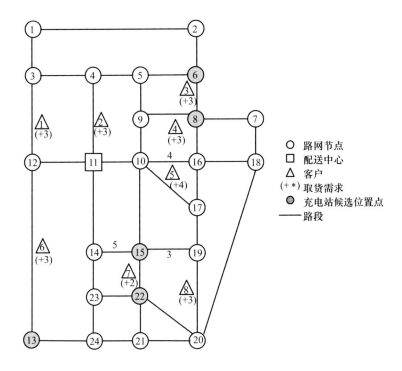

图 6-7 Sioux Falls 网络

[29,30],车辆 v_4 在充电站 r_1 的充电时间为 [27,29]。充电站 r_1 的服务容量在时间 [27,29] 内被车辆 v_2 和 v_4 完全占用。最优上界和最优下界的迭代计算过程如图 6-8 所示,迭代 2 次之后最优间隙 Gap 降至 0。

表 6-3 电动物流车辆路径和充电优化方案

车辆	优化路径	总时间成本	总耗电量	充电站位置	总充电时间	补充电量
v_1	11→10→16→17→19→15→22→15→14→11	35	32	节点15	1	10
v_2	11→4→5→9→8→16→10→11	44	40	节点8	2	20
v_3	11→12→13→24→21→20→19→15→14→11	39	36	节点15	1	10
v_4	11→12→3→4→5→6→8→16→10→11	44	40	节点8	2	20

充电站的承载容量影响充电站的设置方案和电动物流车辆路径优化方案。在上述实验设置的基础上,调整充电站承载容量参数为 $\varphi_r=1$,其他参数保持不变。由于充电站只能容纳一辆车充电,车辆无法在同一个充电站同时充电,因此需要设

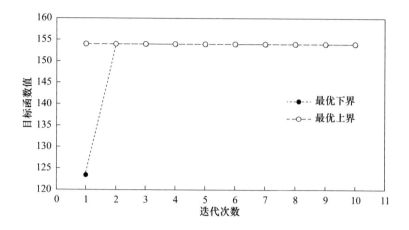

图 6-8 最优上界和最优下界的迭代计算过程

置更多的充电站来满足车辆的充电需求。最终计算得到的充电站选址优化方案是从 5 个候选位置点中选择节点 6、节点 8 和节点 15 分别设立充电站 r_1,r_2,r_3，对应的电动物流车辆路径和充电优化方案见表 6-4。

表 6-4 电动物流车辆路径和充电优化方案

车辆	优化路径	总时间成本	总耗电量	充电站位置	总充电时间	补充电量
v_1	11→10→16→17→19→15→22→15→14→11	35	32	节点 15	1	10
v_2	11→12→3→4→5→6→8→6→5→4→11	45	41	节点 6	2	20
v_3	11→12→13→24→21→20→19→15→14→11	39	36	节点 15	1	10
v_4	11→4→5→9→8→16→10→11	44	40	节点 8	2	20

6.4.3 West Jordan 网络算例分析

本小节采用美国犹他州 West Jordan 路网构建测试算例。该配送网络由 379 条路段和 149 个节点组成，如图 6-9 所示，需要为客户配送 30 件货物，还要从客户处取回 30 件货物，设有 15 个充电站候选点。充电站能力设为 $\varphi_r=2$，充电速率设为 $\gamma_r=5$，每个充电站的固定建设成本设为 $f_r=5$，总建设预算设为 $B=20$，车辆承载能力设为 $\text{cap}_v=5$，最大电池容量设为 $\text{Max}C=30$，最小电量阈值设为 $\text{Min}C=5$，耗电速率设为 $\kappa=1$。初始状态向量设为 $[5,30]$。该实验需要使用 6 辆电动车服务客户的取送需求。

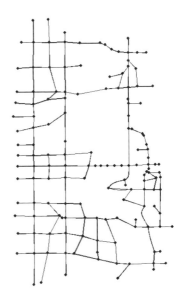

图 6-9　West Jordan 网络

LR-ADMM 分解算法迭代 5 次收敛，CPU 计算时间是 165.02 s，充电站选址方案如图 6-10 所示。从 15 个候选充电站点选择节点 54、节点 60、节点 72 和节点 130 设立充电站。最优上界和最优下界的迭代计算过程如图 6-11 所示，最优间隙 Gap 是 2.57%，并保持不变，证实了 LR-ADMM 算法的有效性。

6.5　本章小结

本章提出了考虑充电策略和客户服务时间窗的充电站选址-车辆路径协同优化问题，基于扩展的时空状态网络建模框架，通过设置充电站选址决策变量和充电站承载容量约束，建立了车辆的时空状态弧变量和充电站选址变量之间的耦合关系。基于拉格朗日松弛法和交替方向乘子法设计了 LR-ADMM 双层分解算法框架，把 ELRPTW-RS 问题分解为充电站选址子问题和电动车辆路径子问题，并能考虑二者之间的交互关系，在给定充电站建设预算的条件下，求取充电站选址、车辆路径及充电决策的协同优化方案。基于 9 点配送网络、Sioux Falls 网络和 West Jordan 网络构建算例，验证了 LR-ADMM 算法的有效性。本章的研究工作可以为充电基础设施布局和物流系统运营提供决策支持，未来将进一步面向大规模城市物流服务网络开展实际应用研究。

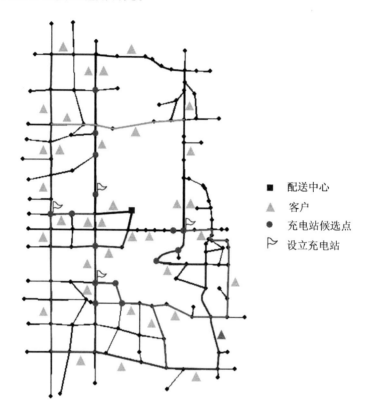

图 6-10　充电站选址方案

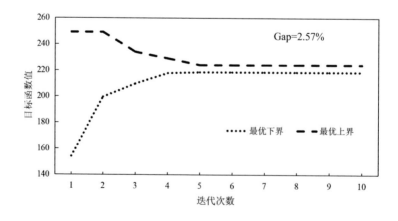

图 6-11　最优上下界迭代计算过程

第7章 总结与展望

7.1 总　　结

本书充分考虑充耗电过程、客户服务模式以及充电站选址等因素的影响,提出了基于时空状态网络的城市电动物流车辆路径优化方法,对电动车辆路径、客户取送货过程、充电策略以及充电站选址决策开展精细化建模。研究工作总结如下。

（1）提出复杂场景策略下的电动物流车辆路径优化问题

本书结合客户服务需求、充耗电过程及车辆行驶路径的时空特性,提出了考虑充电策略、混合回程服务模式以及充电站选址的电动物流车辆路径优化问题,全面考虑车辆承载能力、电池容量和充电站承载容量的限制,以及客户取送服务时间窗、充电站建设预算等约束,更符合城市电动化物流配送的实际需求,可以为城市电动化物流运营管理和充电基础设施规划提供决策支持。

（2）建立基于时空状态网络的电动物流车辆路径问题理论研究框架

本书研究的电动物流车辆路径问题需要考虑电动车辆承载能力、客户服务时间窗约束、电池的充耗电过程、充电站的位置和容量等因素,若采用传统物理网络的建模方法,需要设置时间、空间、载货状态、电量状态等多种类的变量,模型结构较为复杂。本书提出了一个基于时空状态网络的电动物流车辆路径优化理论建模框架,将时空状态弧变量设置为决策变量,可以简化模型结构,便于采用分解算法框架进行求解。该框架能够描述车辆载货状态和电量状态的时空变化过程,可以在时间、空间和状态维度上对电动物流车辆的行驶路径、取送货服务过程和充电策略进行同步优化。

（3）设计并求解复杂电动物流车辆路径优化问题的分解算法

本书针对电动车辆路径优化问题,运用"分而治之"的算法设计思想,基于交替方向乘子法构建了一个稳定、高效的分解算法框架,通过把原问题的难约束松弛到目标函数中,并增加二次惩罚项,构造增广拉格朗日模型,可以解决拉格朗日松弛法存在的对称性问题,提高算法的稳定性。对二次惩罚项进行线性化处理,在块坐标下降的框架下,将增广拉格朗日松弛模型分解为一系列单辆车的最短路径子问题,并嵌入前向动态规划算法,以交替最小化的方式迭代求解子问题。客户服务时间窗、车辆承载能力、电池容量、最小剩余电量等约束以及车辆的载货状态和电量状态更新过程直接嵌入时空状态网络的构建过程中,可以有效缩减搜索空间,提高算法的求解效率。每次迭代通过计算模型最优上界和最优下界之间的间隙值来对解的质量进行评估。此外,针对充电站选址-车辆路径协同优化模型,构造了一个基于拉格朗日松弛法和交替方向乘子法的双层分解算法,该算法具有较好的时效性和可靠性。

7.2 展　　望

在研究 EVRPTW-RS、EVRPMBTW-RS 以及 ELRPTW-RS 问题的过程中,作者深入了解到电动物流车辆调度、系统运营管理、选址规划等方面还存在很多尚未解决的问题,有较大的研究空间,可以进一步探究。本节从运营模式、模型与算法设计、新兴技术的应用 3 个方面对未来的研究工作进行展望,具体如下。

(1) 运营模式

在充电运营方面,可以考虑除专用充电站之外的其他可充电站点,比如配送员在服务客户期间,使用私人充电桩对电动车辆进行充电,可以有效利用服务时间充电,降低时间成本,而且能够提高社会充电设施的利用率,缓解公共充电设施的充电压力。

在车辆运营方面,随着共享经济的兴起,后续可以将共享电动汽车应用于城市物流配送,进一步研究共享电动物流调度系统优化问题。

(2) 模型与算法设计

本书采用时空状态网络建模方法,算法搜索空间较大,未来可以考虑采用动态离散的框架,缩小搜索空间,提高算法效率。本研究采用 ADMM 算法求解电动物流车辆路径问题时可能会过早陷入局部最优,未来可以考虑引入惩罚参数自适应更新规则,降低算法陷入局部最优的可能性。

进一步考虑实际电网条件、路网交通状况、客户动态需求、非线性充耗电过程等因素,构造更加精准的电动物流车辆路径优化问题模型。同时,可以从公平性角度出发,通过增加工作量均衡约束,降低不同车辆之间工作量的差异,在保证配送效率的同时,缩小配送员群体的收入差距。

此外,随着物流企业日常运营数据的积累,可以充分运用大数据技术分析城市物流配送的实际需求模式,开展数据驱动下的城市电动物流车辆智能调度与路径优化、充电基础设施选址等研究。

(3) 新兴技术的应用

考虑到电动车辆充电的灵活性需求,未来可以将移动充电技术应用于城市物流配送系统,基于时空状态网络的框架,构造充电车辆和配送车辆协同调度模型,提高物流配送效率。此外,随着自动驾驶技术的快速发展,可以进一步将无人配送与移动充电技术结合起来,研究新兴技术场景下的电动物流车辆调度问题,推动城市"最后一公里"物流向自动化、智能化和绿色化方向发展。

参 考 文 献

[1] BENJELLOUN A, CRAINIC T G. Trends, challenges, and perspectives in city logistics [J]. Transportation and land use interaction, proceedings TRANSLU, 2008, 8: 269-284.

[2] SAVELSBERGH M, VAN WOENSEL T. 50th anniversary invited article—city logistics: Challenges and opportunities [J]. Transportation Science, 2016, 50 (2): 579-590.

[3] LIM S F W, JIN X, SRAI J S. Consumer-driven e-commerce: A literature review, design framework, and research agenda on last-mile logistics models [J]. International Journal of Physical Distribution & Logistics Management, 2018, 48(3): 308-332.

[4] VIU-ROIG M, ALVAREZ-PALAU E J. The impact of E-Commerce-related last-mile logistics on cities: A systematic literature review [J]. Sustainability, 2020, 12(16): 6492.

[5] 杨磊, 郝彩霞, 唐瑞红. 基于电动物流车的充电和换电设施选址模型 [J]. 系统工程理论与实践, 2019, 39(7): 1781-1795.

[6] 中华人民共和国中央人民政府. 政府工作报告——2021年3月5日在第十三届全国人民代表大会第四次会议上[EB/OL]. (2021-03-05)[2022-01-02]. http://www.gov.cn/guowuyuan/zfgzbg.htm.

[7] 顺丰. 一图读懂顺丰控股碳目标白皮书[R/OL]. (2021-06-05)[2022-01-02]. https://www.sf-express.com/cn/sc/news/detail/-01620/.

[8] 京东. 2018-2020年可持续发展报告[R/OL]. (2021-06-18)[2022-01-02]. https://ir.jd.com/esgcsr.

［9］ 阿里巴巴集团. 阿里巴巴碳中和行动报告［R/OL］. (2021-12-17)［2022-01-27］. https://sustainability.alibabagroup.com/sc.

［10］ WANG J, LIM M K, TSENG M-L, et al. Promoting low carbon agenda in the urban logistics network distribution system［J］. Journal of cleaner production, 2019, 211: 146-160.

［11］ 薛桂琴, 葛显龙. 电动汽车车辆路径问题研究综述［J］. 数学的实践与认识, 2019, (14):150-159.

［12］ LIAO C-S, LU S-H, SHEN Z-J M. The electric vehicle touring problem［J］. Transportation Research Part B: Methodological, 2016, 86: 163-180.

［13］ MAK H-Y, RONG Y, SHEN Z-J M. Infrastructure planning for electric vehicles with battery swapping［J］. Management Science, 2013, 59(7): 1557-1575.

［14］ 庞燕, 罗华丽, 邢立宁, 等. 车辆路径优化问题及求解方法研究综述［J］. 控制理论与应用, 2019, 36(10): 1573-1584.

［15］ SHEN Z-J M, FENG B, MAO C, et al. Optimization models for electric vehicle service operations: A literature review［J］. Transportation Research Part B: Methodological, 2019, 128: 462-477.

［16］ LI Y, ZHANG P, WU Y. Public recharging infrastructure location strategy for promoting electric vehicles: A bi-level programming approach［J］. Journal of Cleaner Production, 2018, 172: 2720-2734.

［17］ KüçüKOĞLU I, DEWIL R, CATTRYSSE D. Hybrid simulated annealing and tabu search method for the electric travelling salesman problem with time windows and mixed charging rates［J］. Expert Systems with Applications, 2019, 134: 279-303.

［18］ 何方, 罗志雄, 杨艳妮, 等. 考虑回路因素的电动汽车最短路问题研究［J］. 交通运输系统工程与信息, 2020, 20(2): 181-187.

［19］ LIN C, CHOY K L, HO G T, et al. Survey of green vehicle routing problem: past and future trends[J]. Expert systems with applications, 2014, 41(4): 1118-1138.

[20] AFRODITI A, BOILE M, THEOFANIS S, et al. Electric vehicle routing problem with industry constraints: trends and insights for future research [J]. Transportation Research Procedia, 2014, 3: 452-459.

[21] SCHIFFER M, WALTHER G. The electric location routing problem with time windows and partial recharging[J]. European Journal of Operational Research, 2017, 260(3): 995-1013.

[22] 赵冰. 电动汽车的多车场车辆路径问题研究[D]. 成都：西南交通大学, 2019.

[23] 中华人民共和国生态环境部. 中国移动源环境管理年报(2021年)[R/OL]. (2021-09-10)[2022-01-27]. https://www.mee.gov.cn/hjzl/sthjzk/ydyhjgl/202109/t20210910_920787.shtml.

[24] 《中国新能源物流车发展报告》编委会, 物流信息互联共享技术及应用国家工程实验室, 上海谦鸣企业管理咨询. 中国新能源物流车业发展报告(2019版)[M]. 上海：复旦大学出版社, 2019.

[25] INTERNATIONAL ENERGY AGENCY. Global EV Outlook 2021[R/OL]. (2021-04-29)[2022-01-27]. https://www.iea.org/reports/global-ev-outlook-2021.

[26] 何亚伟, 董沛武, 陈翔. 基于路网的电动汽车快速充电站布局决策研究[J]. 运筹与管理, 2020, 29(05): 125-134.

[27] FIORI C, MARZANO V. Modelling energy consumption of electric freight vehicles in urban pickup/delivery operations: analysis and estimation on a real-world dataset[J]. Transportation Research Part D: Transport and Environment, 2018, 65: 658-673.

[28] 肖建华, 王超文, 陈萍, 等. 基于城市道路限行的多能源多车型车辆路径优化[J]. 系统工程理论与实践, 2017, 37(5):1339-1348.

[29] 杨姣姣, 章祖宁, 王明娟, 等. 国内外电动物流车发展政策的对比与启示[J]. 物流工程与管理, 2021,43(04):153-156,131.

[30] 张维. 基于系统动力学的新能源物流车市场推广研究[D]. 北京：北京交通大学, 2020.

[31] MUñOZ-VILLAMIZAR A, QUINTERO-ARAúJO C L, MONTOYA-TORRES J R, et al. Short- and mid-term evaluation of the use of electric vehicles in urban freight transport collaborative networks: a case study [J]. International Journal of Logistics Research and Applications, 2019, 22(3): 229-252.

[32] ELLINGSEN L A-W, SINGH B, STRøMMAN A H. The size and range effect: lifecycle greenhouse gas emissions of electric vehicles [J]. Environmental Research Letters, 2016, 11(5): 054010.

[33] GIORDANO A, FISCHBECK P, MATTHEWS H S. Environmental and economic comparison of diesel and battery electric delivery vans to inform city logistics fleet replacement strategies [J]. Transportation Research Part D: Transport and Environment, 2018, 64: 216-229.

[34] 交通运输部办公厅、公安部办公厅、商务部办公厅关于组织开展城市绿色货运配送示范工程的通知[EB/OL]. (2017-12-26)[2022-01-27]. https://xxgk.mot.gov.cn/2020/jigou/ysfws/202006/t20200623_3315446.html.

[35] 国务院办公厅. 国务院办公厅关于推进电子商务与快递物流协同发展的意见[EB/OL]. (2018-01-23)[2022-01-27]. http://www.gov.cn/zhengce/content/2018-01/23/content_5259695.htm.

[36] 国务院办公厅. 国务院办公厅转发交通运输部等部门关于加快道路货运行业转型升级促进高质量发展意见的通知[EB/OL]. (2019-05-07)[2022-01-27]. http://www.gov.cn/zhengce/content/2019-05/07/content_5389429.htm.

[37] 国务院办公厅. 国务院办公厅转发国家发展改革委交通运输部关于进一步降低物流成本实施意见的通知[EB/OL]. (2020-06-02)[2022-01-27]. http://www.gov.cn/zhengce/content/2020-06/02/content_5516810.htm.

[38] 国务院办公厅. 新能源汽车产业发展规划（2021—2035年）[EB/OL]. (2020-11-02)[2022-01-27]. http://www.gov.cn/zhengce/content/2020-11/02/content_5556716.htm.

[39] 交通运输部. 交通运输部关于交通运输部公路科学研究院开展公路基础设施延寿与绿色建养技术研发应用等交通强国建设试点工作的意见[EB/OL]. (2021-10-26)[2022-01-27]. https://xxgk.mot.gov.cn/2020/jigou/zhghs/202110/t20211026_3623060.html.

[40] JIANG X, GUO X. Evaluation of Performance and Technological Characteristics of Battery Electric Logistics Vehicles: China as a Case Study [J]. Energies, 2020, 13(10):2455.

[41] FOLTYŃSKI M. Electric Fleets in Urban Logistics [J]. Procedia - Social and Behavioral Sciences, 2014, 151: 48-59.

[42] 范亦铭. 纯电动汽车充电原理介绍[J]. 中国新技术新产品, 2017, (18): 16-18.

[43] NGO H, KUMAR A, MISHRA S. Optimal positioning of dynamic wireless charging infrastructure in a road network for battery electric vehicles [J]. Transportation Research Part D: Transport and Environment, 2020, 85: 102385.

[44] JUAN A A, MENDEZ C A, FAULIN J, et al. Electric Vehicles in Logistics and Transportation: A Survey on Emerging Environmental, Strategic, and Operational Challenges [J]. Energies, 2016, 9(2): 86.

[45] LEBEAU P, MACHARIS C, VAN MIERLO J. Exploring the choice of battery electric vehicles in city logistics: A conjoint-based choice analysis [J]. Transportation Research Part E: Logistics and Transportation Review, 2016, 91: 245-258.

[46] UPS. Emerging and sustainable technologies to meet customer needs today and in the future[EB/OL]. (2021-08-09)[2022-01-27]. https://about.ups.com/us/en/social-impact/environment/climate/ups-environmental-innovations.html.

[47] RENAULT TRUCKS. Increased range for the all-electric renault trucks master Z. E. [EB/OL]. (2021-11-18)[2022-01-27]. https://www.renault-

trucks. com/en/newsroom/press-releases/increased-range-all-electric-renault-trucks-master-ze.

[48] XIAO B, RUAN J, YANG W, et al. A review of pivotal energy management strategies for extended range electric vehicles [J]. Renewable and Sustainable Energy Reviews, 2021, 149: 111194.

[49] XIAO B, WALKER P D, ZHOU S, et al. A Power Consumption and Total Cost of Ownership Analysis of Extended Range System for a Logistics Van [J]. IEEE Transactions on Transportation Electrification, 2021.

[50] LIU Y, QIAO J, XU H, et al. Optimal vehicle size and driving condition for extended-range electric vehicles in China: A life cycle perspective [J]. Plos one, 2020, 15(11): e0241967.

[51] EMILY HOLBROOK. UPS Begins Use of Range-Extended Electric Vehicles in the UK[EB/OL]. (2019-09-16)[2022-01-27]. https://www.environmentalleader.com/2019/09/ups-begins-use-of-range-extended-electric-vehicles-in-the-uk/.

[52] UPS unveils 400km range-extending electric vehicles[EB/OL]. (2019-09-04)[2022-01-27]. https://www.edie.net/news/8/UPS-long-range-EVs-400km-range-extended--/.

[53] DAT Truck N. V.. DAF introduces CF Electric with Extended Range [EB/OL]. (2020-09-03)[2022-01-27]. https://www.daf.co.uk/en-gb/news-and-media/news-articles/global/2020/q3/daf-introduces-cf-electric-with-extended-range.

[54] HAN J, SHU H, TANG X, et al. Predictive energy management for plug-in hybrid electric vehicles considering electric motor thermal dynamics [J]. Energy Conversion and Management, 2022, 251: 115022.

[55] BANVAIT H, ANWAR S, CHEN Y. A rule-based energy management strategy for plug-in hybrid electric vehicle (PHEV)[C]//2009 American control conference. IEEE, 2009: 3938-3943.

[56] ARSLAN O, YILDIZ B, KARAŞAN O E. Minimum cost path problem for plug-in hybrid electric vehicles[J]. Transportation Research Part E: Logistics and Transportation Review, 2015, 80: 123-141.

[57] BRADLEY T H, QUINN C W. Analysis of plug-in hybrid electric vehicle utility factors [J]. Journal of Power Sources, 2010, 195(16): 5399-5408.

[58] TRAN D-D, VAFAEIPOUR M, EL BAGHDADI M, et al. Thorough state-of-the-art analysis of electric and hybrid vehicle powertrains: Topologies and integrated energy management strategies [J]. Renewable and Sustainable Energy Reviews, 2020, 119: 109596.

[59] VORA A P, JIN X, HOSHING V, et al. Design-space exploration of series plug-in hybrid electric vehicles for medium-duty truck applications in a total cost-of-ownership framework [J]. Applied Energy, 2017, 202: 662-672.

[60] HU X, LIU T, QI X, et al. Reinforcement Learning for Hybrid and Plug-In Hybrid Electric Vehicle Energy Management: Recent Advances and Prospects [J]. IEEE Industrial Electronics Magazine, 2019, 13 (3): 16-25.

[61] WEI C, SUN X, CHEN Y, et al. Comparison of architecture and adaptive energy management strategy for plug-in hybrid electric logistics vehicle [J]. Energy, 2021, 230: 120858.

[62] PLUG-IN HYBRID TRUCK[EB/OL]. [2022-01-27]. https://www.scania.com/uk/en/home/products/trucks/plug-in-hybrid-truck.html.

[63] U. S. DEPARTMENT OF ENERGY. Fuel Cell Electric Vehicles[EB/OL]. [2022-01-27]. https://afdc.energy.gov/vehicles/fuel_cell.html.

[64] THOMPSON S T, JAMES B D, HUYA-KOUADIO J M, et al. Direct hydrogen fuel cell electric vehicle cost analysis: System and high-volume manufacturing description, validation, and outlook [J]. Journal of Power Sources, 2018, 399: 304-313.

[65] LI Y, TAGHIZADEH-HESARY F. The economic feasibility of green

hydrogen and fuel cell electric vehicles for road transport in China[J]. Energy Policy, 2022, 160: 112703.

[66] AJANOVIC A, HAAS R. Economic and environmental prospects for battery electric - and fuel cell vehicles: a review[J]. Fuel Cells, 2019, 19(5): 515-529.

[67] SORLEI I-S, BIZON N, THOUNTHONG P, et al. Fuel Cell Electric Vehicles—A Brief Review of Current Topologies and Energy Management Strategies[J]. Energies, 2021, 14(1), 252.

[68] DHL. DHL AND STREETSCOOTER DEVELOP NEW ELECTRIC DRIVE VEHICLE WITH HYDROGEN TECHNOLOGY[EB/OL].(2019-05-24)[2022-01-27]. https://www.dhl.com/global-en/home/press/press-archive/2019/dhl-and-streetscooter-develop-new-electric-drive-vehicle-with-hydrogen-technology.html.

[69] ZHANG Y, WANG Y, LI F, et al. Efficient Deployment of Electric Vehicle Charging Infrastructure: Simultaneous Optimization of Charging Station Placement and Charging Pile Assignment[J]. IEEE Transactions on Intelligent Transportation Systems, 2021, 22(10): 6654-6659.

[70] JIA L, HU Z, SONG Y, et al. Optimal siting and sizing of electric vehicle charging stations[C]//2012 IEEE International Electric Vehicle Conference. IEEE, 2012: 1-6.

[71] 中华人民共和国国务院新闻办公室. 财政部:中央和地方协同推进 大力支持充电基础设施建设[EB/OL].(2020-11-03)[2022-01-27]. http://www.scio.gov.cn/32344/32345/42294/44117/zy44121/Document/1691202/1691202.htm.

[72] 国务院办公厅. 国务院办公厅关于加快电动汽车充电基础设施建设的指导意见[EB/OL].（2015-10-09）[2022-01-27]. http://www.gov.cn/zhengce/content/2015-10/09/content_10214.htm.

[73] 国务院. 国务院关于印发打赢蓝天保卫战三年行动计划的通知[EB/OL].(2018-07-03)[2022-01-27]. http://www.gov.cn/zhengce/content/2018-

07/03/content_5303158.htm.

[74] 交通运输部,中央宣传部,国家发展改革委,等. 交通运输部等十二部门和单位关于印发绿色出行行动计划(2019—2022年)的通知[EB/OL]. (2019-05-31)[2022-01-27]. https://xxgk.mot.gov.cn/2020/jigou/ysfws/202006/t20200623_3315926.html.

[75] 国务院办公厅. 国务院办公厅关于印发新能源汽车产业发展规划(2021—2035年)的通知[EB/OL]. (2020-11-02)[2022-01-27]. http://www.gov.cn/zhengce/content/2020-11/02/content_5556716.htm.

[76] 交通运输部,国家发展改革委. 交通运输部 国家发展改革委关于印发《绿色出行创建行动方案》的通知[EB/OL]. (2020-07-24)[2022-01-27]. https://xxgk.mot.gov.cn/2020/jigou/ysfws/202007/t20200724_3437849.html.

[77] 交通运输部. 交通运输部关于印发《综合运输服务"十四五"发展规划》的通知[EB/OL]. (2021-11-18)[2022-01-27]. https://xxgk.mot.gov.cn/2020/jigou/ysfws/202111/t20211118_3626733.html.

[78] AFSHAR S, MACEDO P, MOHAMED F, et al. Mobile charging stations for electric vehicles — A review[J]. Renewable and Sustainable Energy Reviews, 2021, 152: 111654.

[79] ZHANG Y, LIU X, WEI W, et al. Mobile charging: A novel charging system for electric vehicles in urban areas[J]. Applied Energy, 2020, 278: 115648.

[80] 崔少华. 移动充电服务的路径规划与设计问题研究[D]. 北京:北京交通大学,2019.

[81] 中国电动汽车充电基础设施促进联盟. 充电联盟充电设施统计汇总[EB/OL]. (2021-07-06)[2022-01-27]. http://www.evcipa.org.cn/.

[82] CHAUHAN V, GUPTA A. Scheduling mobile charging stations for electric vehicle charging[C]//2018 14th International Conference on Wireless and Mobile Computing, Networking and Communications (WiMob). IEEE, 2018: 131-136.

[83] CLEMENT-NYNS K, HAESEN E, DRIESEN J. The impact of charging plug-in hybrid electric vehicles on a residential distribution grid [J]. IEEE Transactions on power systems, 2009, 25(1): 371-380.

[84] CUI S, ZHAO H, CHEN H, et al. The Mobile Charging Vehicle Routing Problem with Time Windows and Recharging Services [J]. Computational Intelligence and Neuroscience, 2018, 2018: 5075916.

[85] WANG M, ISMAIL M, ZHANG R, et al. Spatio-Temporal Coordinated V2V Energy Swapping Strategy for Mobile PEVs [J]. IEEE Transactions on Smart Grid, 2018, 9(3): 1566-1579.

[86] RĂBOACĂ M-S, BĂNCESCU I, PREDA V, et al. An Optimization Model for the Temporary Locations of Mobile Charging Stations [J]. Mathematics, 2020, 8(3): 453.

[87] MOGHADDAM V, AHMAD I, HABIBI D, et al. Dispatch management of portable charging stations in electric vehicle networks [J]. eTransportation, 2021, 8: 100112.

[88] CHEN H, SU Z, HUI Y, et al. Dynamic Charging Optimization for Mobile Charging Stations in Internet of Things [J]. IEEE Access, 2018, 6: 53509-53520.

[89] SABOORI H, JADID S, SAVAGHEBI M. Optimal Management of Mobile Battery Energy Storage as a Self-Driving, Self-Powered and Movable Charging Station to Promote Electric Vehicle Adoption [J]. Energies, 2021, 14(3): 736.

[90] MOU X, ZHAO R, GLADWIN D T. Vehicle-to-vehicle charging system fundamental and design comparison [C]//2019 IEEE International Conference on Industrial Technology (ICIT). IEEE, 2019: 1628-1633.

[91] LI Y, WANG W, XING L, et al. Longitudinal safety evaluation of electric vehicles with the partial wireless charging lane on freeways [J]. Accident Analysis & Prevention, 2018, 111: 133-141.

[92] DANTZIG G B, RAMSER J H. The truck dispatching problem [J].

Management science, 1959, 6(1): 80-91.

[93] LENSTRA J K, KAN A R. Complexity of vehicle routing and scheduling problems [J]. Networks, 1981, 11(2): 221-227.

[94] STEFAN I, TOTH P, VIGO D. Vehicle Routing: Problems, Methods and Applications[M]. 2nd ed. Philadelphia: Society for Industrial and Applied Mathematics, 2014, 119: 1-33.

[95] KIM G, ONG Y-S, HENG C K, et al. City vehicle routing problem (city VRP): A review [J]. IEEE Transactions on Intelligent Transportation Systems, 2015, 16(4): 1654-1666.

[96] TOTH P, VIGO D. Vehicle routing: problems, methods, and applications [M]. SIAM, 2014.

[97] DEIF I, BODIN L. Deif I, Bodin L. Extension of the Clarke and Wright algorithm for solving the vehicle routing problem with backhauling[C]// Proceedings of the Babson conference on software uses in transportation and logistics management. Babson Park, MA, 1984: 75-96.

[98] ROPKE S, PISINGER D. A unified heuristic for a large class of vehicle routing problems with backhauls [J]. European Journal of Operational Research, 2006, 171(3): 750-775.

[99] PARRAGH S N, DOERNER K F, HARTL R F. A survey on pickup and delivery models Part II: Transportation between pickup and delivery locations [J]. Journal für Betriebswirtschaft, 2006, 58: 81-117.

[100] BRANDAO J. A new tabu search algorithm for the vehicle routing problem with backhauls [J]. European Journal of Operational Research, 2006, 173 (2): 540-555.

[101] GOETSCHALCKX M, JACOBS-BLECHA C. The vehicle routing problem with backhauls [J]. European Journal of Operational Research, 1989, 42(1): 39-51.

[102] MINGOZZI A, GIORGI S, BALDACCI R. An exact method for the vehicle routing problem with backhauls [J]. Transportation Science,

1999, 33(3): 315-329.

[103] TOTH P, VIGO D. A heuristic algorithm for the symmetric and asymmetric vehicle routing problems with backhauls [J]. European Journal of Operational Research, 1999, 113(3): 528-543.

[104] KOç Ç, LAPORTE G. Vehicle routing with backhauls: Review and research perspectives [J]. Computers & Operations Research, 2018, 91: 79-91.

[105] TOTH P, VIGO D. An exact algorithm for the vehicle routing problem with backhauls [J]. Transportation science, 1997, 31(4): 372-385.

[106] SALHI S, NAGY G. A cluster insertion heuristic for single and multiple depot vehicle routing problems with backhauling [J]. Journal of the operational Research Society, 1999, 50(10): 1034-1042.

[107] BERGMANN F M, WAGNER S M, WINKENBACH M. Integrating first-mile pickup and last-mile delivery on shared vehicle routes for efficient urban e-commerce distribution [J]. Transportation Research Part B: Methodological, 2020, 131: 26-62.

[108] WADE A, SALHI S. An investigation into a new class of vehicle routing problem with backhauls [J]. Omega, 2002, 30(6): 479-487.

[109] CRISPIM J, BRANDÃO J. Metaheuristics applied to mixed and simultaneous extensions of vehicle routing problems with backhauls [J]. Journal of the Operational Research Society, 2005, 56(11): 1296-1302.

[110] YANG S, NING L, SHANG P, et al. Augmented Lagrangian relaxation approach for logistics vehicle routing problem with mixed backhauls and time windows [J]. Transportation Research Part E: Logistics and Transportation Review, 2020, 135: 101891.

[111] WU W, TIAN Y, JIN T. A label based ant colony algorithm for heterogeneous vehicle routing with mixed backhaul [J]. Applied Soft Computing, 2016, 47: 224-234.

[112] KüçüKOĞLU İ, ÖZTüRK N. An advanced hybrid meta-heuristic algorithm

for the vehicle routing problem with backhauls and time windows [J]. Computers & Industrial Engineering, 2015, 86: 60-68.

[113] SALHI S, WASSAN N, HAJARAT M. The fleet size and mix vehicle routing problem with backhauls: Formulation and set partitioning-based heuristics [J]. Transportation Research Part E: Logistics and Transportation Review, 2013, 56: 22-35.

[114] BERGHIDA M, BOUKRA A. Quantum inspired algorithm for a VRP with heterogeneous fleet mixed backhauls and time windows [J]. International Journal of Applied Metaheuristic Computing (IJAMC), 2016, 7(4): 18-38.

[115] BELLOSO J, JUAN A A, FAULIN J. An iterative biased - randomized heuristic for the fleet size and mix vehicle - routing problem with backhauls [J]. International Transactions in Operational Research, 2019, 26(1): 289-301.

[116] ZHONG Y, COLE M H. A vehicle routing problem with backhauls and time windows: a guided local search solution [J]. Transportation Research Part E: Logistics and Transportation Review, 2005, 41(2): 131-144.

[117] REIMANN M, ULRICH H. Comparing backhauling strategies in vehicle routing using ant colony optimization [J]. Central European Journal of Operations Research, 2006, 14(2): 105-123.

[118] BELMECHERI F, PRINS C, YALAOUI F, et al. An ant colony optimization algorithm for a vehicle routing problem with heterogeneous fleet, mixed backhauls, and time windows [J]. IFAC Proceedings Volumes, 2009, 42(4): 1550-1555.

[119] BELMECHERI F, PRINS C, YALAOUI F, et al. Particle swarm optimization algorithm for a vehicle routing problem with heterogeneous fleet, mixed backhauls, and time windows [J]. Journal of intelligent manufacturing, 2013, 24(4): 775-789.

[120] OESTERLE J, BAUERNHANSL T. Exact method for the vehicle routing problem with mixed linehaul and backhaul customers, heterogeneous fleet, time window and manufacturing capacity [J]. Procedia CIRP, 2016, 41: 573-578.

[121] PELLETIER S, JABALI O, LAPORTE G. 50th Anniversary Invited Article—Goods Distribution with Electric Vehicles: Review and Research Perspectives [J]. Transportation Science, 2016, 50(1): 3-22.

[122] DAMMAK N, DHOUIB S, MHAMEDI A E. A Review of Optimal Routing Problem for Electric Vehicle[C]//2019 International Colloquium on Logistics and Supply Chain Management (LOGISTIQUA). IEEE, 2019: 1-5.

[123] ERDELIĆ T, CARIĆ T. A Survey on the Electric Vehicle Routing Problem: Variants and Solution Approaches [J]. Journal of Advanced Transportation, 2019, 2019: 5075671.

[124] GHORBANI E, ALINAGHIAN M, GHAREHPETIAN G B, et al. A Survey on Environmentally Friendly Vehicle Routing Problem and a Proposal of Its Classification [J]. Sustainability, 2020, 12(21): 9079.

[125] QIN H, SU X, REN T, et al. A review on the electric vehicle routing problems: Variants and algorithms [J]. Front Eng, 2021, 8(3): 370-389.

[126] ERDOĞAN S, MILLER-HOOKS E. A green vehicle routing problem [J]. Transportation Research Part E: Logistics and Transportation Review, 2012, 48(1): 100-114.

[127] LIN J, ZHOU W, WOLFSON O. Electric vehicle routing problem [J]. Transportation Research Procedia, 2016, 12(Supplement C): 508-521.

[128] MONTOYA A, GUéRET C, MENDOZA J E, et al. The electric vehicle routing problem with nonlinear charging function [J]. Transportation Research Part B: Methodological, 2017, 103: 87-110.

[129] 李杰, 赵旭东, 王玉霞, 等. 面向电商终端物流配送的电动车配置与路径集成优化 [J]. 运筹与管理, 2018, 27(10): 23-30.

[130] 郭放, 杨珺, 杨超. 考虑差异化服务时间的多车型电动汽车路径优化与充电策略研究 [J]. 中国管理科学, 2019, 27(8): 118-128.

[131] KANCHARLA S R, RAMADURAI G. Electric Vehicle Routing Problem with Non-Linear Charging and Load-Dependent Discharging [J]. Expert Systems with Applications, 2020: 113714.

[132] SCHNEIDER M, STENGER A, GOEKE D. The electric vehicle-routing problem with time windows and recharging stations [J]. Transportation Science, 2014, 48(4): 500-520.

[133] CORTéS-MURCIA D L, PRODHON C, AFSAR H M. The electric vehicle routing problem with time windows, partial recharges and satellite customers [J]. Transportation Research Part E: Logistics and Transportation Review, 2019, 130: 184-206.

[134] 葛显龙, 竹自强. 带软时间窗的电动车辆路径优化问题 [J]. 工业工程与管理, 2019, 24(4): 96-104,112.

[135] KESKIN M, LAPORTE G, ÇATAY B. Electric vehicle routing problem with time-dependent waiting times at recharging stations [J]. Computers & Operations Research, 2019, 107: 77-94.

[136] LU J, CHEN Y, HAO J-K, et al. The Time-Dependent Electric Vehicle Routing Problem: Model and Solution [J]. Expert Systems with Applications, 2020: 113593.

[137] KESKIN M, ÇATAY B. A matheuristic method for the electric vehicle routing problem with time windows and fast chargers [J]. Computers & operations research, 2018, 100: 172-188.

[138] MASMOUDI M A, HOSNY M, DEMIR E, et al. The dial-a-ride problem with electric vehicles and battery swapping stations [J]. Transportation research part E: logistics and transportation review, 2018, 118: 392-420.

[139] Li J, Wang F, He Y. Electric vehicle routing problem with battery

swapping considering energy consumption and carbon emissions[J]. Sustainability, 2020, 12(24): 10537.

[140] FELIPE Á, ORTUñO M T, RIGHINI G, et al. A heuristic approach for the green vehicle routing problem with multiple technologies and partial recharges [J]. Transportation Research Part E: Logistics and Transportation Review, 2014, 71: 111-128.

[141] BRUGLIERI M, PEZZELLA F, PISACANE O, et al. A variable neighborhood search branching for the electric vehicle routing problem with time windows [J]. Electronic Notes in Discrete Mathematics, 2015, 47: 221-228.

[142] DESAULNIERS G, ERRICO F, IRNICH S, et al. Exact algorithms for electric vehicle-routing problems with time windows [J]. Operations Research, 2016, 64(6): 1388-1405.

[143] KESKIN M, ÇATAY B. Partial recharge strategies for the electric vehicle routing problem with time windows [J]. Transportation Research Part C: Emerging Technologies, 2016, 65: 111-127.

[144] HIERMANN G, PUCHINGER J, ROPKE S, et al. The electric fleet size and mix vehicle routing problem with time windows and recharging stations [J]. European Journal of Operational Research, 2016, 252(3): 995-1018.

[145] GOEKE D, SCHNEIDER M. Routing a mixed fleet of electric and conventional vehicles [J]. European Journal of Operational Research, 2015, 245(1): 81-99.

[146] HIERMANN G, HARTL R F, PUCHINGER J, et al. Routing a mix of conventional, plug-in hybrid, and electric vehicles [J]. European Journal of Operational Research, 2019, 272(1): 235-248.

[147] CONRAD R G, FIGLIOZZI M A. The recharging vehicle routing problem [C]//Proceedings of the 2011 industrial engineering research conference. IISE Norcross, GA, 2011, 8.

[148] 张鹏威, 李英, 成琪. 有限充电设施下的多配送中心电动车辆路径问题研究 [J]. 工业工程与管理, 2019, 24(5): 97-105.

[149] SHAO S, GUAN W, RAN B, et al. Electric vehicle routing problem with charging time and variable travel time [J]. Mathematical Problems in Engineering, 2017, 2017:1-13.

[150] RAEESI R, ZOGRAFOS K G. The electric vehicle routing problem with time windows and synchronised mobile battery swapping [J]. Transportation Research Part B: Methodological, 2020, 140: 101-129.

[151] RAEESI R, ZOGRAFOS K G. Coordinated routing of electric commercial vehicles with intra-route recharging and en-route battery swapping [J]. European Journal of Operational Research, 2022,301(1):82-109.

[152] GRANADA-ECHEVERRI M, CUBIDES L, BUSTAMANTE J. The electric vehicle routing problem with backhauls [J]. International Journal of Industrial Engineering Computations, 2020, 11(1): 131-152.

[153] CUBIDES L C, ARIAS LONDOñO A, GRANADA ECHEVERRI M. Electric vehicle routing problem with backhauls considering the location of charging stations and the operation of the electric power distribution system [J]. TecnoLógicas, 2019, 22(44): 3-22.

[154] NOLZ P C, ABSI N, FEILLET D, et al. The Consistent Electric-Vehicle Routing Problem with Backhauls and Charging Management [J]. European Journal of Operational Research, 2022,302(2):700-716.

[155] GRANDINETTI L, GUERRIERO F, PEZZELLA F, et al. A pick-up and delivery problem with time windows by electric vehicles [J]. International Journal of Productivity and Quality Management, 2016, 18(2-3): 403-423.

[156] YANG Q, HU D, CHU H, et al. An electric vehicle routing problem with pickup and delivery[C]//CICTP 2018: Intelligence, Connectivity, and Mobility. Reston, VA: American Society of Civil Engineers, 2018: 176-184.

[157] LI L, LI T, WANG K, et al. Heterogeneous fleet electric vehicle routing optimization for logistic distribution with time windows and

simultaneous pick-up and delivery service[C]//2019 16th International Conference on Service Systems and Service Management (ICSSSM). IEEE, 2019: 1-6.

[158] ABDULAAL A, CINTUGLU M H, ASFOUR S, et al. Solving the multivariant EV routing problem incorporating V2G and G2V options[J]. IEEE Transactions on Transportation Electrification, 2016, 3(1): 238-248.

[159] GOEKE D. Granular tabu search for the pickup and delivery problem with time windows and electric vehicles [J]. European Journal of Operational Research, 2019, 278(3): 821-836.

[160] JUN S, LEE S, YIH Y. Pickup and delivery problem with recharging for material handling systems utilising autonomous mobile robots [J]. European Journal of Operational Research, 2021, 289(3): 1153-1168.

[161] GHOBADI A, TAVAKKOLI-MOGHADDAM R, FALLAH M, et al. Multi-depot electric vehicle routing problem with fuzzy time windows and pickup/delivery constraints [J]. Journal of Applied Research on Industrial Engineering, 2021, 8(1): 1-18.

[162] YU S, PUCHINGER J, SUN S. Van-based robot hybrid pickup and delivery routing problem [J]. European Journal of Operational Research, 2022, 298(3): 894-914.

[163] SOYSAL M, ÇIMEN M, BELBAĞ S. Pickup and delivery with electric vehicles under stochastic battery depletion [J]. Computers & Industrial Engineering, 2020, 146: 106512.

[164] 李嘉, 杨东, 贾永基, 等. 装卸一体化电动汽车路径问题建模与优化 [J]. 工业工程与管理, 2020, 25(1): 29-37.

[165] LI Y, LIM M K, TAN Y, et al. Sharing economy to improve routing for urban logistics distribution using electric vehicles [J]. Resources, Conservation and Recycling, 2020, 153: 104585.

[166] YANG X, SHAO C, ZHUGE C, et al. Deploying battery swap stations

for shared electric vehicles using trajectory data [J]. Transportation Research Part D: Transport and Environment, 2021, 97: 102943.

[167] LIN D-Y, KUO J-K. The vehicle deployment and relocation problem for electric vehicle sharing systems considering demand and parking space stochasticity [J]. Transportation Research Part E: Logistics and Transportation Review, 2021, 156: 102514.

[168] ZHANG L, LIU Z, YU L, et al. Routing optimization of shared autonomous electric vehicles under uncertain travel time and uncertain service time [J]. Transportation Research Part E: Logistics and Transportation Review, 2022, 157: 102548.

[169] WANG Y-W, LIN C-C. Locating multiple types of recharging stations for battery-powered electric vehicle transport [J]. Transportation Research Part E: Logistics and Transportation Review, 2013, 58: 76-87.

[170] 黄振森,杨珺. 考虑服务容量的充电站选址问题 [J]. 工业工程与管理, 2015, 20(5): 111-118.

[171] HE S Y, KUO Y-H, WU D. Incorporating institutional and spatial factors in the selection of the optimal locations of public electric vehicle charging facilities: A case study of Beijing, China [J]. Transportation Research Part C: Emerging Technologies, 2016, 67: 131-148.

[172] HE F, WU D, YIN Y, et al. Optimal deployment of public charging stations for plug-in hybrid electric vehicles [J]. Transportation Research Part B-methodological, 2013, 47: 87-101.

[173] DONG J, LIU C, LIN Z. Charging infrastructure planning for promoting battery electric vehicles: An activity-based approach using multiday travel data [J]. Transportation Research Part C: Emerging Technologies, 2014, 38: 44-55.

[174] RIEMANN R, WANG D Z, BUSCH F. Optimal location of wireless charging facilities for electric vehicles: flow-capturing location model with stochastic user equilibrium [J]. Transportation Research Part C:

Emerging Technologies, 2015, 58: 1-12.

[175] ARSLAN O, KARAŞAN O E. A Benders decomposition approach for the charging station location problem with plug-in hybrid electric vehicles [J]. Transportation Research Part B: Methodological, 2016, 93: 670-695.

[176] ZHANG A, KANG J E, KWON C. Incorporating demand dynamics in multi-period capacitated fast-charging location planning for electric vehicles [J]. Transportation Research Part B: Methodological, 2017, 103: 5-29.

[177] CHEN R, QIAN X, MIAO L, et al. Optimal charging facility location and capacity for electric vehicles considering route choice and charging time equilibrium [J]. Computers & Operations Research, 2020, 113: 104776.

[178] GHAMAMI M, KAVIANIPOUR M, ZOCKAIE A, et al. Refueling infrastructure planning in intercity networks considering route choice and travel time delay for mixed fleet of electric and conventional vehicles [J]. Transportation Research Part C: Emerging Technologies, 2020, 120: 102802.

[179] CAI H, JIA X, CHIU A S, et al. Siting public electric vehicle charging stations in Beijing using big-data informed travel patterns of the taxi fleet [J]. Transportation Research Part D: Transport and Environment, 2014, 33: 39-46.

[180] BAI X, CHIN K-S, ZHOU Z. A bi-objective model for location planning of electric vehicle charging stations with GPS trajectory data [J]. Computers & Industrial Engineering, 2019, 128: 591-604.

[181] MIN H, JAYARAMAN V, SRIVASTAVA R. Combined location-routing problems: A synthesis and future research directions [J]. European Journal of Operational Research, 1998, 108(1): 1-15.

[182] SALHI S, RAND G K. The effect of ignoring routes when locating

depots [J]. European journal of operational research, 1989, 39(2): 150-156.

[183] NAGY G, SALHI S. Location-routing: Issues, models and methods [J]. European Journal of Operational Research, 2007, 177(2): 649-672.

[184] PRODHON C, PRINS C. A survey of recent research on location-routing problems [J]. European Journal of Operational Research, 2014, 238(1): 1-17.

[185] DREXL M, SCHNEIDER M. A survey of variants and extensions of the location-routing problem [J]. European Journal of Operational Research, 2015, 241(2): 283-308.

[186] YANG J, SUN H. Battery swap station location-routing problem with capacitated electric vehicles [J]. Computers & Operations Research, 2015, 55: 217-232.

[187] LIU H, GAO B, LIU Y. Battery swap station location routing problem with capacitated electric vehicles and time windows[C]//2019 IEEE 6th International Conference on Industrial Engineering and Applications (ICIEA). IEEE, 2019: 832-836.

[188] ZHANG S, CHEN M, ZHANG W. A novel location-routing problem in electric vehicle transportation with stochastic demands [J]. Journal of Cleaner Production, 2019, 221: 567-581.

[189] 王琪瑛, 李英, 李惠. 带软时间窗的电动车换电站选址路径问题研究 [J]. 工业工程与管理, 2019, 24(3): 99-106.

[190] SCHIFFER M, WALTHER G. Strategic planning of electric logistics fleet networks: A robust location-routing approach [J]. Omega, 2018, 80: 31-42.

[191] CUI S, ZHAO H, ZHANG C. Multiple types of plug-in charging facilities' location-routing problem with time windows for mobile charging vehicles [J]. Sustainability, 2018, 10(8): 2855.

[192] WANG L, SONG Y. Multiple Charging Station Location-Routing Problem

with Time Window of Electric Vehicle [J]. Journal of Engineering Science & Technology Review, 2015, 8(5).

[193] PAZ J, GRANADA-ECHEVERRI M, ESCOBAR J. The multi-depot electric vehicle location routing problem with time windows [J]. International Journal of Industrial Engineering Computations, 2018, 9(1): 123-136.

[194] 葛显龙, 李祖伟. 基于电动汽车的物流配送优化问题研究综述 [J]. 数学的实践与认识, 2018, 48(13): 33-42.

[195] 揭婉晨, 杨珺, 陆坚毅. 基于分支定价算法的电动汽车车辆路径问题 [J]. 运筹与管理, 2016, 25(4): 93-100.

[196] WANG M, MIAO L, ZHANG C. A branch-and-price algorithm for a green location routing problem with multi-type charging infrastructure [J]. Transportation Research Part E: Logistics and Transportation Review, 2021, 156: 102529.

[197] WU Z, ZHANG J. A branch-and-price algorithm for two-echelon electric vehicle routing problem [J]. Complex & Intelligent Systems, 2021: 1-16.

[198] QIN H, SU E, WANG Y, et al. Branch-and-price-and-cut for the electric vehicle relocation problem in one-way carsharing systems [J]. Omega, 2022: 102609.

[199] XIAO Y, ZHANG Y, KAKU I, et al. Electric vehicle routing problem: A systematic review and a new comprehensive model with nonlinear energy recharging and consumption [J]. Renewable and Sustainable Energy Reviews, 2021, 151: 111567.

[200] KUCUKOGLU I, DEWIL R, CATTRYSSE D. The electric vehicle routing problem and its variations: A literature review [J]. Computers & Industrial Engineering, 2021, 161: 107650.

[201] HOF J, SCHNEIDER M, GOEKE D. Solving the battery swap station location-routing problem with capacitated electric vehicles using an AVNS algorithm for vehicle-routing problems with intermediate stops

[J]. Transportation Research Part B: Methodological, 2017, 97: 102-112.

[202] PELLETIER S, JABALI O, LAPORTE G. The electric vehicle routing problem with energy consumption uncertainty [J]. Transportation Research Part B: Methodological, 2019, 126: 225-255.

[203] GE X, ZHU Z, JIN Y. Electric Vehicle Routing Problems with Stochastic Demands and Dynamic Remedial Measures [J]. Mathematical Problems in Engineering, 2020, 2020: 8795284.

[204] WANG N, SUN Y, WANG H. An Adaptive Memetic Algorithm for Dynamic Electric Vehicle Routing Problem with Time-Varying Demands [J]. Mathematical Problems in Engineering, 2021, 2021: 6635749.

[205] BAC U, ERDEM M. Optimization of electric vehicle recharge schedule and routing problem with time windows and partial recharge: A comparative study for an urban logistics fleet [J]. Sustainable Cities and Society, 2021, 70: 102883.

[206] JIE W, YANG J, ZHANG M, et al. The two-echelon capacitated electric vehicle routing problem with battery swapping stations: Formulation and efficient methodology [J]. European Journal of Operational Research, 2019, 272(3): 879-904.

[207] ZANG Y, WANG M, QI M. A column generation tailored to electric vehicle routing problem with nonlinear battery depreciation [J]. Computers & Operations Research, 2022, 137: 105527.

[208] CHEN Y, LI D, ZHANG Z, et al. Solving the battery swap station location-routing problem with a mixed fleet of electric and conventional vehicles using a heuristic branch-and-price algorithm with an adaptive selection scheme [J]. Expert Systems with Applications, 2021, 186: 115683.

[209] 姚宇. 同城配送中考虑一致性的车辆路径优化模型与算法[D]. 北京: 北京交通大学, 2021.

[210] 佟路. 基于时空可达性的交通网络设计模型及算法研究[D]. 北京：北京交通大学，2017.

[211] 陈柏谦. 基于时空网络的空车动态优化模型研究[D]. 北京：北京交通大学，2009.

[212] 李晋. 基于时空网络的城市常规公交多车场车辆调度问题研究[D]. 北京：北京交通大学，2012.

[213] 戚铭尧，丁国祥，周游，等. 一种基于时空距离的带时间窗车辆路径问题算法[J]. 交通运输系统工程与信息，2011，11(1)：85-89.

[214] MAHMOUDI M, ZHOU X. Finding optimal solutions for vehicle routing problem with pickup and delivery services with time windows: A dynamic programming approach based on state-space-time network representations[J]. Transportation Research Part B: Methodological, 2016, 89: 19-42.

[215] MAHMOUDI M, CHEN J, SHI T, et al. A cumulative service state representation for the pickup and delivery problem with transfers[J]. Transportation Research Part B: Methodological, 2019, 129: 351-380.

[216] XU X, LI C-L, XU Z. Integrated train timetabling and locomotive assignment[J]. Transportation Research Part B: Methodological, 2018, 117: 573-593.

[217] LU G, ZHOU X, MAHMOUDI M, et al. Optimizing resource recharging location-routing plans: A resource-space-time network modeling framework for railway locomotive refueling applications[J]. Computers & Industrial Engineering, 2019, 127: 1241-1258.

[218] WANG Y, YUAN Y, GUAN X, et al. Collaborative two-echelon multicenter vehicle routing optimization based on state-space-time network representation[J]. Journal of Cleaner Production, 2020, 258: 120590.

[219] LORIE J H, SAVAGE L J. Three problems in rationing capital[J]. The journal of business, 1955, 28(4): 229-239.

[220] HELD M, KARP R M. The traveling-salesman problem and minimum spanning trees[J]. Operations Research, 1970, 18(6): 1138-1162.

[221] HELD M, KARP R M. The traveling-salesman problem and minimum

spanning trees: Part II [J]. Mathematical programming, 1971, 1(1): 6-25.

[222] GEOFFRION A M. Lagrangean relaxation for integer programming [M]. Approaches to integer programming. Springer. 1974: 82-114.

[223] FISHER M L. Optimal solution of scheduling problems using Lagrange multipliers: Part I [J]. Operations Research, 1973, 21(5): 1114-1127.

[224] FISHER M L. The Lagrangian relaxation method for solving integer programming problems [J]. Management science, 1981, 27(1): 1-18.

[225] GEOFFRION A, BRIDE R M. Lagrangean relaxation applied to capacitated facility location problems [J]. AIIE transactions, 1978, 10(1): 40-47.

[226] YANG L, ZHOU X. Optimizing on-time arrival probability and percentile travel time for elementary path finding in time-dependent transportation networks: Linear mixed integer programming reformulations [J]. Transportation Research Part B: Methodological, 2017, 96: 68-91.

[227] 赵蒙. 基于时空网络的电动汽车分时租赁综合调度方法研究[D]. 哈尔滨: 哈尔滨工业大学, 2018.

[228] KOHL N, MADSEN O B. An optimization algorithm for the vehicle routing problem with time windows based on Lagrangian relaxation [J]. Operations research, 1997, 45(3): 395-406.

[229] IMAI A, NISHIMURA E, CURRENT J. A Lagrangian relaxation-based heuristic for the vehicle routing with full container load [J]. European journal of operational research, 2007, 176(1): 87-105.

[230] ZHOU Y, LEE G M. A Lagrangian relaxation-based solution method for a green vehicle routing problem to minimize greenhouse gas emissions [J]. Sustainability, 2017, 9(5): 776.

[231] NIU H, ZHOU X, TIAN X. Coordinating assignment and routing decisions in transit vehicle schedules: A variable-splitting Lagrangian decomposition approach for solution symmetry breaking [J]. Transportation Research Part B: Methodological, 2018, 107: 70-101.

[232] BOYD S, PARIKH N, CHU E, et al. Distributed optimization and statistical learning via the alternating direction method of multipliers [J]. Foundations and Trends® in Machine learning, 2011, 3(1): 1-122.

[233] YAO Y, ZHU X, DONG H, et al. ADMM-based problem decomposition scheme for vehicle routing problem with time windows [J]. Transportation Research Part B: Methodological, 2019, 129: 156-174.

[234] ZHANG Y, PENG Q, YAO Y, et al. Solving cyclic train timetabling problem through model reformulation: extended time-space network construct and alternating direction method of multipliers methods [J]. Transportation Research Part B: Methodological, 2019, 128: 344-379.

[235] CHEN X, HE S, ZHANG Y, et al. Yard crane and AGV scheduling in automated container terminal: A multi-robot task allocation framework [J]. Transportation Research Part C: Emerging Technologies, 2020, 114: 241-271.

[236] CHEN C, HE B, YE Y, et al. The direct extension of ADMM for multi-block convex minimization problems is not necessarily convergent [J]. Mathematical Programming, 2016, 155(1-2): 57-79.

[237] 谭学怡, 蔡文学, 赵雅兰. 基于非线性能量消耗的电动车配送路径优化 [J]. 物流工程与管理, 2019, 41(4): 95-98,141.

[238] 杨森炎, 宁连举, 商攀. 基于时空状态网络的电动物流车辆路径优化方法 [J]. 交通运输系统工程与信息, 2021, 21(2): 196-204.

[239] GRIPPO L, SCIANDRONE M. On the convergence of the block nonlinear Gauss-Seidel method under convex constraints [J]. Operations research letters, 2000, 26(3): 127-136.

[240] YANG S, NING L, TONG L C, et al. Optimizing electric vehicle routing problems with mixed backhauls and recharging strategies in multi-dimensional representation network [J]. Expert Systems with Applications, 2021, 176: 114804.

[241] JUNG J, CHOW J Y, JAYAKRISHNAN R, et al. Stochastic dynamic

itinerary interception refueling location problem with queue delay for electric taxi charging stations [J]. Transportation Research Part C: Emerging Technologies, 2014, 40: 123-142.

[242] YANG S, NING L, TONG L C, et al. Integrated electric logistics vehicle recharging station location-routing problem with mixed backhauls and recharging strategies [J]. Transportation Research Part C: Emerging Technologies, 2022, 140: 103695.